BARUCH DE SPINOZA

Sämtliche Werke

Band 1

FELIX MEINER VERLAG
HAMBURG

BARUCH DE SPINOZA

Kurzer Traktat über Gott, den Menschen und dessen Glück

Neu übersetzt, herausgegeben,
mit Einleitung und Anmerkungen
versehen von

WOLFGANG BARTUSCHAT

FELIX MEINER VERLAG
HAMBURG

PHILOSOPHISCHE BIBLIOTHEK BAND 91

Bibliographische Information der Deutschen Nationalbibliothek

Die Deutsche Nationalbibliothek verzeichnet diese Publikation in der Deutschen Nationalbibliographie; detaillierte bibliographische Daten sind im Internet über ‹http://portal.dnb.de› abrufbar.
ISBN 978-3-7873-2732-4
ISBN eBook 978-3-7873-2211-4

Nachdruck 2022

 Satz: Type & Buch Kusel, Hamburg. Druck und Bindung: Beltz, Bad Langensalza. Gedruckt auf holzfreiem Werkdruckpapier, hergestellt aus 100% chlorfrei gebleichtem Zellstoff. Printed in Germany. *www.meiner.de*

INHALT

ANHANG

EINLEITUNG

Der vorliegende „Kurze Traktat über Gott, den Menschen und dessen Glück" ist ein Frühwerk Spinozas. Er ist nicht in den unmittelbar nach Spinozas Tod erschienenen „Opera Posthuma" (Amsterdam 1677) enthalten, und sein Original ist verlorengegangen. Überliefert ist nur die Kopie einer niederländischen Übersetzung der lateinisch geschriebenen Abhandlung. Lange verschollen, ist sie 1862 erstmals, in unzureichender Form, publiziert worden.[1] 1925 hat Carl Gebhardt in seiner kritischen Gesamtausgabe der „Opera" Spinozas den Text in deutlich verbesserter Form ediert. Den heute maßgeblichen kritischen Text hat Filippo Mignini 1982 im Rahmen der Amsterdamer Ausgabe der „Korte Geschriften" Spinozas vorgelegt.

Unter allen Schriften Spinozas läßt uns dieser frühe Traktat hinsichtlich eines einwandfreien Textbestandes am meisten in Ungewißheit. Ungewiß ist der Zeitpunkt seiner Entstehung; unklar ist der mögliche Phasenablauf von Bearbeitung und Überarbeitung; eine Übersetzung ist immer eine Quelle von Fehlern; die Kopie eines schon transformierten Textes bringt häufig weitere Fehler mit sich. Hinzu kommt, daß die uns überlieferte Kopie von späterer Hand bearbeitet worden ist und daß ein weiteres Manuskript der Abhandlung überliefert ist, das aus der Hand des Bearbeiters der ursprünglichen Kopie stammt. Es ist das Verdienst Migninis, daß wir uns heute auf einen Text stützen können, der so zuverlässig als ein Text Spinozas gelesen werden kann, wie es die Umstände seiner Überlieferung erlauben. Mignini hat seiner Edition von 1982 eine weitere Ausgabe folgen lassen, die neben der Edition eine italienische Übersetzung, eine Einleitung und einen

[1] J. van Vloten, Ad Benedicti de Spinoza Opera quae supersunt omnia Supplementum ..., Amsterdam 1862.

umfangreichen Kommentar enthält.[2] Sie informiert erschöpfend über alle den „Kurzen Traktat“ betreffenden Fragen sowohl textkritischer wie inhaltlicher Art. Mittlerweile ist sie auch Grundlage der in Paris besorgten kritischen Ausgabe der Werke Spinozas, der eine französische Übersetzung von J. Ganault beigefügt ist und in der Mignini noch einmal seine Prinzipien zur Gestaltung und Chronologie des Textes erläutert.[3]

1. Zur Geschichte der Textüberlieferung

Wir finden bei Lodewijk Meyer, einem Freund Spinozas, der dessen Schrift über Descartes[4] 1663 herausgegeben hat, einen ersten Hinweis auf die Abhandlung. Am Ende des Nachworts zu seiner Schrift „Die Philosophie als Interpretin der Heiligen Schrift“[5] schreibt er: „Wir haben die begründete Hoffnung, daß das Weichbild der Philosophie in diesen Zeiten, in denen jener große Erneuerer und Erweiterer der Philosophie, René Descartes, der wissenschaftlichen Welt die Fackel vorantrug und mit seinem Beispiel voranging, von anderen, die seinen Spuren folgen wollen, weithin ausgedehnt wird und daß derartiges über Gott, die vernünftige Seele, das höchste Glück des Menschen und ähnliches für andere, die auf die Erwerbung des ewigen Lebens zielen, ans Licht gezogen wird.“ Es darf angenommen werden, daß sich Meyers Hin-

[2] F. Mignini, Spinoza. Korte Verhandeling/Breve Trattato, L'Aquila 1986. Künftige Verweise auf Mignini beziehen sich auf diese Ausgabe.

[3] Spinoza, Œuvres I (premiers écrits): Korte Verhandeling/Court Traité, Texte établi par Filippo Mignini, Traduction par Joël Ganault, Paris 2009, S. 182–479.

[4] Descartes' Prinzipien der Philosophie in geometrischer Weise dargestellt, hrsg. und übersetzt von W. Bartuschat, Hamburg 2005 (PhB Bd. 94).

[5] L. Meyer, Philosophia S. Scripturae Interpres, Amsterdam 1666. Französ. Übersetzung von J. Lagrée und P.-F. Moreau, Paris 1988.

weis auf den „Kurzen Traktat" bezieht, von dem man in Spinozas Freundeskreis nicht nur wußte, sondern mit dessen Veröffentlichung man offensichtlich noch rechnete, als Spinoza Mitte der sechziger Jahre schon erste Versionen seiner „Ethik" den Freunden übermittelt hatte. In der Einleitung zu den „Opera Posthuma" (1677) weist der Herausgeber J. Jelles aber darauf hin, daß in dieser Ausgabe alles von Bedeutung enthalten sei, was ihn sagen läßt: „Wenn es auch glaubhaft ist, daß bei dem oder jenem noch etwas von unserem Philosophen Ausgearbeitetes versteckt ist, was sich hier nicht findet, so ist doch anzunehmen, daß sich darin nichts finden werde, was nicht öfters in diesen Schriften gesagt ist." Sollte sich dieser Hinweis auf den „Kurzen Traktat" beziehen, hieße das, daß im Selbstverständnis der Freunde die publizierten Schriften, insbesondere die „Ethik", alles im Traktat Entwickelte enthalten und sie ihn als überholt und nicht mehr für publikationswürdig angesehen haben.

Eine genauere Nachricht über den Traktat stammt aus dem Jahre 1704, als die Deutschen Stolle und Hallmann die Niederlande bereisten, um Nachrichten über Spinoza zu sammeln. Gottlieb Stolle berichtet, daß Jan Rieuwertsz, der Sohn von Spinozas Verleger, ihm ein Manuskript gezeigt habe, das sein Vater nach der Originalhandschrift Spinozas abgeschrieben habe, die von Spinoza zunächst niederländisch geschriebene „Ethik". Diese „Ethik" sei anders aufgebaut als die gedruckte und auch nicht so gut ausgeführt, enthalte aber auch anderes als sie, insbesondere ein Kapitel über den Teufel. Das Manuskript sei von einigen Freunden Spinozas abgeschrieben, aber nicht gedruckt worden, weil es „gar zu frei" geschrieben sei im Gegensatz zu dem ordentlichen und schön edierten lateinischen Text. In seiner Schrift „Kurtze Anleitung zur Historie der Gelahrtheit" (Halle 1718) hat Stolle davon Mitteilung gemacht. Sie findet Eingang in Reimanns „Katalog theologischer Bücher" (1731)[6] und Mylius' „Biblio-

[6] J. F. Reimann, Catalogus Bibliothecae Theologicae, Hildesheim 1731.

thek anonymer und pseudonymer Autoren" (1740).[7] Darauf gestützt berichtet de Murr in seiner Ausgabe der „Anmerkungen Spinozas zum Theologisch-Politischen Traktat" (1802)[8] von einer Ethik, die Spinoza zunächst niederländisch geschrieben habe („Belgice primum scripta ab Auctore", S. 14). Paulus verweist dann in seiner Spinoza-Ausgabe von 1802/03[9] auf ein noch zu edierendes „supplementum Ethices" (Bd. 2, S. XV), das vom Teufel handle, und Bruder nennt in seiner Spinoza-Ausgabe von 1843–46[10] dieses Supplement einen „Tractatus de diabolo" (Bd. 1, S. XIV). Offenbar hielten sie an unserem Traktat für besonders erwähnenswert, was sich in der „Ethik" nicht findet.

In Bewegung gerät die Überlieferungsgeschichte im Jahre 1851. Auf der Suche nach Spinozana erhält der Theologe (und spätere Romanist) Eduard Boehmer in Holland von dem Amsterdamer Buchhändler Frederik Muller ein Exemplar der niederländischen Spinoza-Biographie des Colerus,[11] der neben anderem eine Zusammenfassung (*Korte Schetz*) des „Kurzen Traktats" beigefügt ist und in dessen Randnotizen sich zudem ein Hinweis auf eine frühe Fassung der „Ethik" findet. Boehmer erwirbt das Buch und überläßt es später der Universitätsbibliothek Halle. 1852 veröffentlicht er die Zusammenfassung mit lateinischer Übersetzung.[12]

Kurz danach ersteigert der Buchhändler Muller ein zweibändiges pergamentgebundenes Manuskript, das im ersten

[7] J.C. Mylius, Bibliotheca Anonymorum et Pseudonimorum, Hamburg 1740.

[8] C.T. de Murr, Benedicti de Spinoza Adnotationes ad Tractatum theologico politicum, Den Haag 1802.

[9] H.E.G. Paulus, Benedicti de Spinoza Opera quae supersunt omnia, Jena 1802/03.

[10] C.H. Bruder, Benedicti de Spinoza Opera quae supersunt omnia, Leipzig 1843/46.

[11] Vgl. jetzt: Spinoza – Lebensbeschreibungen und Gespräche, Hamburg 1977 (Phil. Bibl. Bd. 96b).

[12] E. Boehmer, B. de Spinoza Tractatus de Deo et homine ejusque felicitate lineamenta ..., Halle 1852.

Band unter anderem den gesamten niederländischen Text des „Kurzen Traktats“ enthält (er wird als Manuskript B bezeichnet). Muller beauftragt J. van Vloten, diesen Text zusammen mit anderen Funden zu edieren und ins Lateinische zu übersetzen. Er erscheint 1862 in van Vlotens Ausgabe „Ad Benedicti de Spinoza Opera quae supersunt omnia Supplementorum. Continens Tractatum hucusque ineditum de Deo et homine, ...“. Mittlerweile war aber im Besitz des Rotterdamer Juristen und Dichters Adriaan Bogaers ein weiteres Manuskript des Traktats aufgetaucht (es wird als Manuskript A bezeichnet), in einem Band vereinigt mit einer alten (ungedruckten) niederländischen Übersetzung des „Theologisch-Politischen Traktats“ und den niederländischen Anmerkungen zu ihm. Van Vloten hat von diesem Manuskript noch Kenntnis nehmen können und es teilweise in seine Ausgabe des Manuskripts B integriert. So wird die erste Ausgabe des „Kurzen Traktats“ zu einer willkürlichen Vermischung zweier Manuskripte und ist darüber hinaus durch eine Vielzahl von Fehlern belastet. Bald wird erkannt, daß das Manuskript A weit älteren Datums ist; A. van Linde[13] vermag den Amsterdamer Arzt Johannes Monnikhoff (1707–1787), einen Anhänger des von Descartes und Spinoza beeinflußten Philosophen Willem Deurhoff (1650–1717), als Urheber des Manuskripts B zu identifizieren. Monnikhoff hat auch die Zusammenfassung, die sich in zwei Varianten in den Manuskripten A und B findet, verfaßt und außerdem dem Manuskript A Ergänzungen aus dem Manuskript B hinzugefügt. Sobald erkannt war, daß sich das Manuskript B auf das Manuskript A stützt, lag es nahe, dem ursprünglichen Manuskript den Vorrang einzuräumen.

So hat C. Schaarschmidt den Text des „Kurzen Traktats“ auf der Grundlage des Manuskripts A herausgegeben (Amsterdam 1869) und gegenüber der Ausgabe van Vlotens deutlich verbessert. Im gleichen Jahr hat er ihn ins Deutsche übersetzt

[13] A. van Linde, Notiz zur Literatur des Spinozismus. In: Zeitschrift für Philosophie und philosophische Kritik 45 (1864), S. 301 ff.

(Berlin 1869). Nur ein Jahr später ist die deutsche Übersetzung von Chr. Sigwart erschienen (Tübingen 1870), der zuvor dem neuentdeckten Traktat eine kleine Untersuchung gewidmet hatte (Gotha 1866). Sigwart hat wesentliche Vorschläge zur Verbesserung von Manuskript A gemacht und die einzelnen Kapitel in numerierte Abschnitte eingeteilt (in unserer Ausgabe in eckigen Klammern). In van Vlotens und Lands Gesamtausgabe der Werke Spinozas (Den Haag 1882, ^{3}1914) sind, gestützt auf Sigwart, die Handschriften A und B gleichberechtigt nebeneinander gestellt.

Erst C. Gebhardt hat in seiner kritischen Edition der Opera Spinozas dem Manuskript A eindeutig den Vorzug gegeben (Bd. I, Heidelberg 1925) und die Handschrift B als aus derselben Quelle wie A kommend erkannt. Er nennt A schlicht „das Manuskript“ und B „eine Redaktion oder Paraphrase“. Mignini wird ihm darin folgen und A als den „codex unicus“, B hingegen als einen „codex descriptus“ bezeichnen. Doch geht Gebhardt davon aus, daß es sich bei dem Manuskript nicht um einen einheitlichen Text handelt, eine These, die zuvor insbesondere J. Freudenthal[14] vertreten hat, der den Text für eine Zusammenstückelung unterschiedlicher Teile gehalten hat. Gebhardt vermutet, daß der Text in vier Phasen zustande gekommen ist: 1. Diktat Spinozas; 2. Übersetzung dieses Diktats (möglicherweise nur von Teilen); 3. Ergänzungen durch Spinoza; 4. Ergänzungen durch einen unbekannten Autor. Gebhardt zufolge handelt es sich bei dem vorliegenden Manuskript also nicht um einen authentischen Text Spinozas, ablesbar am uneinheitlichen Aufbau wie auch am Vorliegen zahlreichender Doubletten. So hat Gebhardt in seiner Ausgabe der Opera den Text durch Eingriffe verbessern wollen und schwierige oder vermeintlich verdorbene Lesarten auf eine leichtere Lesbarkeit hin korrigiert.

Demgegenüber geht Mignini davon aus, daß Manuskript A ein authentischer, einheitlich komponierter Text Spinozas ist.

[14] J. Freudenthal, Spinozastudien I. In: Zeitschrift für Philosophie und philosophische Kritik 108 (1896), S.238–282.

Er hat deshalb allein Manuskript A ediert und auf Manuskript B nur insoweit zurückgegriffen, als sich aus ihm, nicht anders als aus späteren Editionen des Manuskripts, Verbesserungen offensichtlicher Fehler ergeben: orthographische Fehler, Auslassungen, Hinzufügungen und Versehen beim Abschreiben (vgl. „Gli errori in A", S. 59–63). Die Veränderungen gegenüber Gebhardts Ausgabe sind häufig nur syntaktische oder orthographische Kleinigkeiten, betreffen aber auch Textstücke, insbesondere Fußnoten, die Mignini im Unterschied zu Gebhardt für authentisch hält.

2. Das Manuskript A

Das Manuskript A ist in der Königlichen Bibliothek in Den Haag zusammengebunden mit zwei weiteren Manuskripten (Blätter 2–99) aufbewahrt. Den Schriftzügen nach zu urteilen, ist es gegen Ende des 17. Jahrhunderts geschrieben. Es enthält spätere Bemerkungen und Zusätze von Monnikhoff, dem Redakteur des Manuskripts B. Zweifelsfrei ist es die Kopie einer niederländischen Übersetzung der lateinisch geschriebenen Abhandlung. Auf den lateinischen Ursprung weisen sowohl das Vorwort des Traktats wie der Schlußsatz von Monnikhoffs Zusammenfassung. Die von Boehm[15] geäußerte These, die Abhandlung sei in niederländischer Sprache verfaßt, ist unhaltbar (Mignini, S. 71–80). Es darf auch angenommen werden, daß die Übersetzung zu Lebzeiten Spinozas, möglicherweise unmittelbar nach Vorlage des lateinischen Textes, erfolgt ist und der Übersetzer aus dem Freundeskreis kommt, in dem Spinozas Philosophie diskutiert wurde. Lange Zeit galt Pieter Balling, der 1664 Spinozas Schrift über Descartes und die „Cogitata Metaphysica" übersetzt hat und wahrscheinlich schon 1664 gestorben ist, als der Übersetzer. Mignini hält

[15] R. Boehm, Spinozas Korte Verhandeling. Eine Übersetzung aus einem lateinischen Urtext? In: Studia Philosophica Gandensia (1967), S. 175–206.

Johan Bouwmeester (1630–1680), wie Balling ein Freund Spinozas, dem Spinoza 1665 die Übersetzung des dritten Teils der „Ethik“ angetragen hat (vgl. Brief 28), für den Übersetzer. Jongeneelen[16] hat aus syntaktischen Erwägungen heraus hingegen beide als mögliche Übersetzer ausgeschlossen. Wir dürfen aber davon ausgehen, daß es sich um eine zeitgenössische Übersetzung handelt, die Spinoza möglicherweise selbst durchgesehen und autorisiert hat, mag es auch keine wortgetreue Übersetzung allein des lateinischen Originals sein. So ist der Hinweis zu Beginn des 17. Kapitels des 2. Teils, daß der Wille bei den Lateinern „voluntas“ genannt wird („die by den Latinen genoemt word voluntas“), der in einem lateinisch verfaßten Text keinen Sinn hat, sicherlich eine Hinzufügung des Übersetzers, ohne daß dadurch die Originalität der ganzen Passage tangiert wäre.

Hinsichtlich der Genese des Textes hat Mignini folgende Hypothese aufgestellt (S. 98 f.): 1. Freunde und Schüler Spinozas bitten den jungen Philosophen, seine Gedanken zur Metaphysik und Ethik schriftlich darzulegen. 2. Spinoza schreibt seine Gedanken auf lateinisch nieder und schickt die Fassung seinen Freunden, ohne eine unmittelbare Publikation zu beabsichtigen. 3. Die Freunde bitten um eine Übersetzung mit der Absicht einer Publikation. 4. Spinoza korrigiert hierfür den lateinischen Text, fügt die Dialoge und einige Fußnoten hinzu, vielleicht auch den Anhang. 5. Der Text wird ins Niederländische übersetzt und (von dem Übersetzer und anderen) durch Randbemerkungen und textinterne Verweise erweitert. 6. Spinoza fügt bei Durchsicht der Übersetzung weitere Fußnoten, Randbemerkungen und interne Verweise hinzu. 7. Spinoza beschließt, den Inhalt der Abhandlung neu zu ordnen, und nimmt hierfür im Hinblick auf die „Ethik“ die Numerierung bestimmter Textabschnitte vor. 8. Vom niederländischen Exemplar Spinozas erfolgt eine Abschrift, die uns als Manuskript A überliefert ist.

[16] G. Jongeneelen, The translator of Spinoza's „Short Treatise“. In: Studia Spinozana 2 (1986), S. 242–264.

Die Grundthese dieser Rekonstruktion ist, daß es sich um einen autorisierten Text Spinozas handelt und nicht um eine Zusammenstellung von Gehörtem auf der Basis eines Diktats, von dem sich die Freunde Notizen gemacht hätten. Gebhardt hat, gestützt auf die Randbemerkung am Schluß der Abhandlung, in der es im Unterschied zum Text („tot de welke ik dit schryve"), heißt, daß der Autor den Freunden auf deren Verlangen die Abhandlung *diktiert* habe („Verzoek van den autheur aan die geene tot de welke hy dit tractaat, op haar verzoek, heeft gedicteert"), auf ein Diktat Spinozas und von daher auf eine Zufälligkeit in der Komposition des Textes geschlossen, die es erlaube, fragwürdig anmutende Passagen für unecht zu erklären. Mignini hat sich bemüht zu zeigen (S. 80–91), daß zwischen Text und Randbemerkung kein Widerspruch besteht, insofern „dicteren" im Niederländischen des 17. Jahrhunderts ein Äquivalent für „schreiben" oder „verfassen" ist.

Doch ist nicht auszuschließen, daß Spinoza den Text seinen Freunden auch diktiert hat im Sinne eines vortragenden Lehrens (docere), das auf einen schon bestehenden Text zurückgreift.[17] Offensichtlich ist aus einer solchen Form des Vortrags und der sich daran anschließenden Diskussion eine Vielzahl der erläuternden Fußnoten entstanden. Auch liegt es nahe, die Entstehung des Textes in Analogie zur Descartes-Schrift zu setzen, die aus einem Diktat entstanden ist und auf Drängen der Freunde von Spinoza für die Publikation vorbereitet wurde.[18] Der Tatbestand, daß Spinoza den Traktat, im Unterschied zu der Descartes-Schrift und den damit verbundenen „Gedanken zur Metaphysik", nicht hat veröffentlichen lassen, gibt jedenfalls nicht schon Anlaß zu der Annahme, er sei im Unterschied zu jener von Spinoza nicht autorisiert. Denn mit

[17] Vgl. P. Steenbakers, Rezension von Mignini. In: Studia Spinozana 4 (1988), S. 377–392.

[18] Vgl. meine Einleitung in Spinozas Schrift „Descartes' Prinzipien der Philosophie in geometrischer Weise dargestellt", hrsg. und übersetzt von W. Bartuschat, Hamburg 2005 (PhB Bd. 94).

jener Schrift hat sich Spinoza als ein ordentlicher Kenner philosophischer Theorien öffentlich ausweisen wollen, während diese ein systematisches, in Spinozas Augen aber noch nicht ausgereiftes Konzept enthält, an dem es also weiterzuarbeiten galt, um es in eine sachlich bessere Fassung zu bringen, die ihm in der „Ethik“ dann gelungen ist. Abschließend läßt sich mit guten Gründen sagen, daß der „Kurze Traktat“ ein authentisches Werk Spinozas ist, nämlich die erste systematische Entfaltung seiner Philosophie, und daß das Manuskript A seine einzige uns bekannte Version ist, neben der wir keine andere Quelle haben.

Offen ist allerdings die Datierung dieser Schrift, insbesondere in welcher chronologischen Relation sie zu der anderen von Spinoza nicht veröffentlichten Frühschrift steht, der „Abhandlung über die Verbesserung des Verstandes“.[19] Entgegen der verbreiteten Annahme, der „Kurze Traktat“ sei Spinozas erstes Werk, hat Mignini die These vertreten, daß sie auf die Schrift über den Verstand folgt und von Spinoza erst Ende 1661 / Anfang 1662 abschließend redaktionell überarbeitet worden ist. In einem undatierten, aber mit Sicherheit auf den Dezember 1661 zu datierenden Brief an Oldenburg (Brief 6) schreibt Spinoza, daß er ein vollständiges kleines Werk (integrum opusculum) verfaßt habe, mit dessen Niederschrift (descriptione) und Verbesserung (emendatione) er beschäftigt sei, wenn auch nicht entschlossen genug, weil er noch keinen bestimmten Plan für dessen Publikation habe. Gegenstand des Werkes sei das, wonach ihn der Briefpartner Oldenburg gefragt hat, „wie nämlich die Dinge zu existieren begonnen haben und durch welches Band sie von den ersten Ursachen abhängen“. Darüber und auch (wonach Oldenburg nicht gefragt hat) über die Verbesserung des Verstandes („de hac re et etiam de emendatione intellectus“) handle das kleine Werk. Man hat diese Briefstelle als Bericht über ein zweiteiliges Werk gedeutet, das den „Kurzen Traktat“ und

[19] Tractatus de intellectus emendatione, hrsg. und übersetzt von W. Bartuschat, 2. Aufl. Hamburg 2003 (PhB Bd. 95a).

die „Abhandlung über die Verbesserung des Verstandes" umfaßt. Spinoza schreibe gegenwärtig an der Abhandlung über die Verbesserung des Verstandes und verbessere im Hinblick darauf den schon geschriebenen anderen Traktat, der in dieser Verbesserung schließlich die Gestalt der uns bekannten „Ethik" annimmt.

Mignini deutet die Briefstelle demgegenüber so (S. 91–96), daß mit dem hier genannten kleinen Werk allein der „Kurze Traktat" gemeint ist, der in sich ein „integrum opusculum" sei, das in seinen zwei Teilen die Theorie sowohl Gottes wie des (zu verbessernden) Verstandes enthält. Sein zweiter Teil handle im Aufweis der engen Zusammengehörigkeit von menschlichem Glück und menschlichem Erkennen vor dem Hintergrund des das Glück verfehlenden unzureichenden Erkennens von einer Verbesserung des Verstandes, durch die der Mensch seines Glückes erst teilhaftig werde. In dem genannten Brief sieht Mignini einen (in seinen Augen starken) Hinweis darauf, daß der „Kurze Traktat" auf die „Abhandlung über die Verbesserung des Verstandes" zeitlich folgt, an deren Überlegungen sie anschließe. Eine solche Folgerung wird man allerdings nicht aus der Briefstelle, wie immer man das „integrum" des dort genannten Werkes deuten mag, ziehen können, sondern nur aus einer sachorientierten Erörterung des Verhältnisses dieser beiden Schriften zueinander. Dabei wird eine Entscheidung darüber, welche der beiden ein reiferes Stadium der Gedankenentwicklung repräsentiert, sich nur aus deren Bezug zu der „Ethik", in der das System Spinozas zu seiner ausgereiften Form gelangt, ergeben können. Deshalb soll im Folgenden die vorliegende Schrift zu Spinozas Hauptwerk, der „Ethik", in Beziehung gebracht werden. Innerhalb der Philosophie Spinozas hat sie ihre Bedeutung nicht zuletzt darin, eine Folie für ein besseres Verständnis dieser Philosophie durch das abzugeben, was sie noch nicht im Blick hat und erst in der „Ethik" thematisch wird. Allein in dieser Perspektive kann meines Erachtens die „Abhandlung über die Verbesserung des Verstandes" in ihrer Datierung richtig eingeschätzt werden.

3. Der „Kurze Traktat" im Verhältnis zur „Ethik"

Der „Kurze Traktat" kann als eine Frühform der „Ethik", des systematischen Hauptwerkes Spinozas, angesehen werden. Die drei Themen, über die er seinem Titel zufolge handelt, sind auch die drei zentralen Themen der „Ethik": Gott, Mensch und menschliches Glück. Folgt gemäß der Gotteslehre aus der Natur Gottes auf unendlich viele Weisen (d.h. unter unendlich vielen Attributen) unendlich Vieles (d.h. unendlich viele Modi), so ist in der auf die Gotteslehre folgenden Untersuchung doch nur ein Modus thematisch, nämlich der Mensch, der, unter den für ihn konstitutiven Attributen (Denken und Ausdehnung) stehend, im Hinblick auf das ihm mögliche Glück betrachtet wird, was es Spinoza erlaubt, das System seiner gesamten Philosophie unter dem Titel „Ethik" veröffentlichen zu lassen.[20] In der Vorrede zum zweiten Teil der „Ethik" hat Spinoza das Programm dieses Werkes zusammengefaßt: „Ich gehe nun zur Erörterung dessen über, was aus der Essenz Gottes, d.h. der des ewigen und unendlichen Seienden, notwendigerweise folgen mußte. Freilich behandle ich nicht alles [...], sondern nur das, was uns zu der Erkenntnis des menschlichen Geistes und seiner höchsten Glückseligkeit (ad mentis humanae eiusque summae beatitudinis cognitionem), gleichsam an der Hand, leiten kann".[21]

Der Mensch ist in der „Ethik" als menschlicher Geist (mens humana) thematisch (II. Teil), weil es für das, was Spinoza „Glückseligkeit" nennt, allein auf das Erkennen ankommt, an das in einer bestimmten Form der Adäquatheit das menschliche Glück gebunden wird. Der „Kurze Traktat" formuliert diesen Gesichtspunkt sogar noch schärfer. Heißt es im 2. Teil der „Ethik", daß der Mensch aus Geist und Körper besteht

[20] W. Bartuschat, Metaphysik als Ethik. Zu einem Buchtitel Spinozas. In: Zeitschrift für philosophische Forschung 28 (1974), S. 132–145.

[21] Ethik in geometrischer Ordnung dargestellt, hrsg. und übersetzt von W. Bartuschat, Hamburg 3. Aufl. 2010 (PhB Bd. 92).

(„Hinc sequitur hominem mente et corpore constare“, Eth. II, prop. 13, coroll.), so nennt der 2. Teil des Traktats bei der Untersuchung der Modi, aus denen der Mensch besteht („de wyzen uyt de welke de mensch bestaat“), gleich zu Beginn ausdrücklich gemacht in der 1. Fußnote dieses Kapitels, nur die Dreizahl der unterschiedlichen Gattungen seines *Erkennens*. Während jedoch der zweiteilige „Kurze Traktat“ die Theorie von Erkennen und menschlichem Glück in nur einem Teil, dem zweiten, zusammenfaßt, hat die „Ethik“ diese beiden Aspekte in getrennten Teilen untersucht und darüber hinaus die Theorie der Ethik im engeren Sinne nochmals dreigeteilt (III.–V. Teil). Das so entstandene fünfteilige Werk räumt, schon rein äußerlich, der Theorie des Menschen ein weitaus größeres Gewicht als der „Kurze Traktat“ ein, als Folge einer veränderten Einsicht in die Problematik des zu bestimmenden Verhältnisses von Gott und Mensch.[22] Kurz formuliert heißt das: Der kurzgefaßte Traktat[23] ist in der Tat zu kurz, weil er in der Theorie einer Vereinigung der Seele mit Gott über den Begriff der Liebe zu schnell bei einem menschlichen Glück ist, das nicht hinreichend als menschliches ausgewiesen ist.

Auf der anderen Seite sind wesentliche Elemente der reifen Philosophie Spinozas in unserem Traktat schon prasent: die attributiv bestimmte Natur Gottes und die damit verbundene Theorie der immanenten Kausalität, der Monismus der einen Substanz, die Notwendigkeit des göttlichen Handelns, die Zurückweisung der Willensfreiheit, die Nicht-Substantialität des Menschen, die ontologische Nichtigkeit der moralphilosophischen Kategorien von „gut“ und „schlecht“,

[22] Ausführlich dazu W. Bartuschat, Spinozas Theorie des Menschen, Hamburg 1992.

[23] Der erste deutsche Übersetzer, Carl Schaarschmidt, hat im Titel des Traktats die glückliche Wendung einer „kurzgefaßten“ Abhandlung gebraucht, die sich aber weder im Deutschen noch in den anderen Sprachen hat durchsetzen können und die auch ich deshalb nicht gebraucht habe. Was im Traktat „kurz“ ist, sind die in ihm gebrauchten Argumente, Beweise und Erläuterungen, die allzu kurz gehalten sind.

die Dreiteilung der Erkenntnisarten, die Theorie des Wahren als Kriterium seiner selbst und des Falschen, die Verankerung der Leidenschaften in einer unzureichenden Form des Erkennens, die Vernunft als Instanz einer Beurteilung und nicht Steuerung der Affekte, menschliche Freiheit als Freisein von äußerem Zwang. Mit Ausnahme des Kapitels über die Teufel (II, Kap. 25) sind diese im Traktat betonten Sachverhalte der Sache nach in die „Ethik", wenn auch in veränderter Form, eingegangen. Mignini hat überdies plausibel machen können, daß aus den Numerierungen im Text auf Spinozas Absicht geschlossen werden kann, wichtige Gehalte des Werkes in die zu schreibende „Ethik" zu integrieren.

So bezeugt sich in der Entwicklung vom Frühwerk zum reifen Werk eine Kontinuität der Gedankenentfaltung. Allerdings ist bei aller Kontinuität eine Umarbeitung der dargelegten Sache unverkennbar. Dies zeigt sich zunächst in der veränderten Form der Darstellung, die, wie man weiß, in der „Ethik" dem strengen Aufbau des mos geometricus folgt. Mit ihr hat Spinoza geglaubt, die Darstellungsform gefunden zu haben, die der darzustellenden Sache allein angemessen ist, weil sie in der Konsequenz des Folgerns dem notwendigen Folgen von Sachverhalten aus der Notwendigkeit der Natur Gottes korrespondiert. Einen Sachverhalt more geometrico zu demonstrieren heißt, ihn in der ihm eigenen sachlichen Konsequenz zu entwickeln, die eine der Sache eigene Überzeugungskraft hat und deshalb nicht der Verteidigung gegenüber opponierenden Auffassungen bedarf. In dieser Darstellungsform hat alle Polemik ebenso wie alle erläuternde Interpretationshilfe für die mit der Sache noch nicht Vertrauten nur noch Raum in Anmerkungen oder Vor- und Nachworten, die außerhalb des Deduktionsganges stehen. Der „Kurze Traktat" ist demgegenüber eine Schrift, die die Lehrgehalte gegen andere, in der Regel verbreitete Lehrmeinungen im Text selbst noch eigens verteidigt und ausdrücklich absichert. Und auch die Vielzahl der internen Textverweise hat nicht die Strenge des Markierens von Begründungsschritten eines Beweisverfahrens, sondern eher den Charakter eines wiederholenden „wie wir schon da und dort gesagt haben". Das verweist zwar nicht schon auf eine redaktionelle Zusammenstückelung des Textes von fremder Hand, dokumentiert aber eine Unsicherheit hinsichtlich der internen Verfugung der einzelnen Lehrstücke.

Es darf als sicher angenommen werden, daß der junge Philosoph, 1656 aus der jüdischen Gemeinde in Amsterdam verbannt, Autodidakt und voller Wißbegierde, von vielfältigen geistigen Strömungen beeinflußt worden ist, die einen Niederschlag in seiner frühen Philosophie gefunden haben. Es ist einmal die Tradition jüdischen Denkens, die sich im Marranismus des schließlich aus der iberischen Halbinsel exilierten Judentums herausgebildet hat und in Amsterdam fortwirkte;[24] es ist das antidogmatische Christentum seines Freundeskreises der Kollegianten und Mennoniten, in dem Spinozas erste philosophische Entwürfe gelesen und diskutiert wurden;[25] es ist vielleicht auch die Philosophie des Leone Ebreo, der unter dem Einfluß der neuplatonischen Renaissance-Philosophie von Marsilio Ficino und Pico della Mirandola in seinen „Dialoghi d'Amore" (erschienen 1535) die Liebe zu einem universalen Prinzip erhoben hat, das den Dingen Sein verleiht und in Form einer geistigen Liebe (amore intellettuale) zu Gott die Seele das eigene Sein in eins mit Gott genießen läßt;[26] und es ist nicht zuletzt die Philosophie Descartes', die wenn nicht in erkenntnistheoretischer, so doch über das Werk „Die Leidenschaften der Seele" in affekttheoretischer Hinsicht in den

[24] Vgl. hierzu G. Albiac, La sinagoga vacía. Un estudio de las fuentes marranes del espinosismo, Madrid 1987; Y. Yovel, Spinoza and other Heretics, Bd. 1, Princeton 1989.

[25] G. Boss, „L'enseignement de Spinoza. Commentaire du Court Traité" versteht den „Kurzen Traktat" ganz aus dem Bezug zu dem Freundeskreis, als Echo eines Unterrichts (S. 6), das, wie Boss nachzuweisen sucht, eine innere Kohärenz hat, und zwar gerade dann, wenn man es nicht als eine unreife Vorstufe der ausgearbeiteten Philosophie Spinozas versteht.

[26] Vgl. C. Gebhardt, Spinoza und der Platonismus. In: Chronicon Spinozanum I (1921), S. 178–234.

Traktat eingegangen ist (Spinoza läßt, wie Descartes, die Erörterung der einzelnen Affekte mit der Verwunderung (dem Erstaunen) beginnen, und er greift, wie Descartes, auf die dunkle Theorie der Lebensgeister zurück, um den Einfluß der Seele auf den Körper verständlich zu machen; beides ist in der „Ethik" fallengelassen[27]). Die „Ethik" ist demgegenüber nicht als ein Zusammenschluß vielfältiger Einflüsse zu verstehen, sondern dadurch gekennzeichnet, daß sie ihre einzelnen Lehrstücke in ein geschlossenes Ganzes unter der leitenden Perspektive integriert, von der auch schon der frühe Traktat geleitet ist, die aber jetzt konsequenter verfolgt wird: darzulegen, was aus der Theorie Gottes für die vernünftige Weltorientierung des Menschen folgt.

Der grundlegende Unterschied zwischen früher Schrift und Hauptwerk ist über die Darstellungsform hinaus freilich inhaltlicher Art. Er betrifft im wesentlichen die Theorie der Modi, also dessen, was von Gott abhängt, während sie sich in der in beiden Schriften im 1. Teil entwickelten Theorie Gottes so gut wie gar nicht unterscheiden. Alle wesentlichen Bestimmungen der späteren Schrift, insbesondere zur Essenz Gottes und dem mit ihr verbundenen Status der göttlichen Attribute (Kap. 2 und 3) und zur Form der Notwendigkeit der aus der bloßen Natur Gottes folgenden göttlichen Handlungen (Kap. 4 bis 7), sind im „Kurzen Traktat" schon präsent, wenn auch zum Teil gekleidet in eine dem Christentum eigene Terminologie. Was verändert wird in der „Ethik", und zwar noch innerhalb der Theorie Gottes, ist die Bestimmung des Verhältnisses der beiden Formen von Modus zueinander. These der „Ethik" ist, daß zwischen einem von Gott unmittelbar hervorgebrachten unendlichen Modus und den faktisch existierenden endlichen Modi kein Kausalzusammenhang besteht, während der „Kurze Traktat" das genaue Gegenteil

[27] Zur Fortentwicklung der Affektenlehre vgl. J. M. Beyssade, De l'émotion intérieure chez Descartes à l'affect actif spinoziste. In: E. Curley / P.-M. Moreau (Hg.), Spinoza. Issues and Directions, Leiden 1990, S. 176–190.

sagt. Dort behauptet Spinoza, ohne dafür irgendeine Begründung zu geben, daß besondere, d.h. endliche Modi von allgemeinen, d.h. unendlichen Modi verursacht werden (I. Teil, Kap. 8). In der „Ethik" wird Spinoza darlegen, daß Gott, der Ursache von allem ist, natürlich auch endliche Modi verursacht, aber gerade nicht vermittelt über unendliche Modi, sondern über andere endliche Modi (Eth. I, prop. 26–28), und daß die unendlichen Modi in deren Unmittelbarkeit sich nur zu einem weiteren unendlichen Modus modifizieren können (Eth. I, prop. 21–23), der, ein und derselbe unter allen Attributen, die gleichbleibende Gestalt des ganzen Universums ist („facies totius universi", Brief 64). Er kann als die allgemeine Struktur des Weltganzen verstanden werden, die nicht nur endliche Modi nicht hervorzubringen vermag, sondern diese in deren Endlichkeit und den darin verankerten konkreten Veränderungen gänzlich unbestimmt läßt.[28]

Das enthält die wichtige Implikation, daß ein endlicher Modus, von Gott über andere endliche Modi verursacht, zwar von Gott, nicht aber von der Natur im ganzen, deren Teil er ist, verursacht wird und daß folglich der Modus Mensch, um zu seinem Glück zu gelangen, sich aus Gott, der seine Ursache ist, begreifen muß, nicht aber aus der Natur im ganzen, die nicht seine Ursache ist. Diese Form des Sichbegreifens aus Gott muß angesichts des Tatbestandes verständlich gemacht werden, daß der Modus Mensch durch andere endliche Modi ursächlich bedingt ist. Die „Ethik" entwickelt schon in dem der Theorie Gottes gewidmeten Teil die Bedingung hierfür: daß nämlich jeder Modus, weil er von Gottes Macht hervorgebracht ist, selber wesentlich Macht (potentia) ist und als diese Prinzip von Wirkungen, d.h. selber wesentlich Ursache (Eth. I, prop. 36). Darin ist er eine sich entfaltende *Aktivität*, die, weil sie durch andere Ursachen (andere endliche Modi) eingeschränkt wird, sich gegenüber den ihr äußeren

[28] Zum Begriff der Kausalität im Gefüge von Gott – unendliche Modi – endliche Modi vgl. E. Curley, Spinoza's Metaphysics, Cambridge/Mass. 1969, S. 45–81.

Ursachen als Streben nach Selbsterhaltung (conatus perseverandi) artikuliert.

Dieser im „Kurzen Traktat" nur angedeutete (I, Kap. 5), aber nicht systematisch aufgegriffene Gesichtspunkt eines Selbsterhaltungsstrebens jedes einzelnen Dinges steht in der „Ethik" im Zentrum der Theorie endlicher Modi.[29] Er ist das Prinzip der Herleitung der menschlichen Affekte (Eth. III, prop. 6ff.), die darin eine andere interne Verfugung als in der frühen Abhandlung erhalten. Begierde als Ausdruck des conatus und Freude und Trauer als emotionale Begleiter seiner gesteigerten oder geminderten Vollzugsform werden als die elementaren Affekte bestimmt (Eth. III, prop. 11, schol.), denen gegenüber Liebe (und Haß) bereits abgeleitete Affekte sind (Eth. III, prop. 13, schol.), die sich aus dem Bezug auf die begehrten Gegenstände ergeben, die der Begehrende für die Ursache seines Affekts der Freude bzw. Trauer hält. Die Liebe geht, anders als in der frühen Abhandlung, somit nicht der Freude voran, sondern ist deren Folge, aus der sie erklärt werden muß. Sie steht insofern unter der Bedingung einer Aktivität des Menschen, die der Mensch als Steigerung der eigenen Wirkungsmacht (potentia agendi) erfährt und die in ihm Freude an dieser Steigerung hervorruft. Als Ausdruck einer subjektiv erfahrenen Steigerung ist sie jedoch im höchsten Maße gefährdet; sie ist vorübergehend und nicht dauerhaft, wenn das Subjekt in seinem Begehren von Vorstellungen (imaginationes; der ersten Erkenntnisgattung bloßen Meinens, wie es im frühen Traktat heißt) geleitet ist, die ihren Gegenstand nicht adäquat erfassen. Deshalb läuft Freude ständig Gefahr, in Trauer umzuschlagen, und dementsprechend, bezogen auf die Gegenstände, Liebe in Haß. Die wahrhafte Liebe, die in der „Ethik" wie im „Kurzen Traktat" die Liebe ist, die Gott zum Gegenstand hat (amor Dei), ist in der „Ethik", anders als im Traktat, abhängig von einer Stabilität der Freude, d.h.

[29] Grundlegend hierzu A. Matheron, Individu et communauté chez Spinoza, Paris 1969, 2. Aufl. 1988; auch L. Bove, La stratégie du conatus. Affirmation et résistance chez Spinoza, Paris 1996.

von der Stabilität einer menschlichen Aktivität, die nicht in ihr Gegenteil umschlägt. Für Spinoza ist sie durch den Akt adäquaten Erkennens garantiert, dessen Festigkeit durch die Unveränderlichkeit dessen verbürgt ist, worauf er sich richtet, nämlich das Ewige, das dem inadäquaten Erkennen und den in ihm gründenden Affekten verschlossen bleibt.

Auch im „Kurzen Traktat" hebt Spinoza diesen Gesichtspunkt mit Entschiedenheit hervor, aber er hat dort aus der Verfassung der Gegenstände unsres Erkennens einfach auf die Gattungen der Erkenntnis geschlossen, ohne die innerweltlichen subjektiven Bedingungen des Habens dieser Formen der Erkenntnis hinreichend zu berücksichtigen. Deutlich wird dies auch an dem Begriff der Vereinigung, mit dem Spinoza das Verhältnis von Erkennen und Gegenstand zu erörtern sucht. Spinoza gebraucht diesen Terminus ohne sichtbare Unterscheidung für unterschiedliche Relationen von Idee und Gegenstand, nämlich sowohl für die innerweltliche Relation zwischen den endlichen Modi Seele und Körper als auch für die Relation zwischen dem endlichen Modus Seele als einem Glied der sogenannten natura naturata und der unendlichen Substanz Gott, die die sogenannte natura naturans ist.

Wenn es in der Fußnote 32 zu II, Kap. 20 heißt, „zwischen der Idee und dem Objekt muß notwendig eine Vereinigung sein, weil das eine ohne das andere nicht existieren kann", dann ist das als eine Konsequenz der Attributenlehre zu verstehen, die Spinoza unverändert in die „Ethik" übernimmt. Weil Gott die Dinge in einem einheitlichen Akt von Kausalität unter unterschiedlichen Attributen produziert, steht ein und dasselbe Ding in der uns bekannten Sphäre sowohl unter dem Aspekt des Geistigen als auch dem des Körperlichen. Daraus folgt, daß die Seele die Repräsentation (Idee) des Körpers, der ihr Objekt ist, in der Weise ist, daß keine Idee ohne das Objekt sein kann, das sie repräsentiert, und kein Objekt ohne die Idee, die es repräsentiert, so daß Idee und Objekt ebendeshalb, verbürgt durch die göttliche Kausalität, immer schon übereinstimmen. In der „Ethik", die diesen Sachverhalt deutlicher entwickelt als der frühe Traktat, macht Spinoza in einer anmerkenden Erläuterung zum Status der Vereinigung von Geist und Körper („quid per mentis et corporis unionem intelligendum sit", Eth. II, prop. 13, schol.), klar, dass dies ein von Gott her gedachter ontologischer Sachverhalt ist. Er betrifft eine Relation zwischen Modi, also eine innerweltliche Relation, und der Begriff einer Vereinigung hat allein dort seinen Ort, nicht aber in einer Relation zwischen Substanz und Modus, in der er keinen Sinn ergibt.

Spinozas frühe Redeweise einer Vereinigung von Seele und Gott ist das Resultat einer ungenügenden Erörterung des Status des endlichen Modus Mensch, die es unterläßt, dasjenige, was zu ihm gehört (vgl. die Überschrift des 2. Teils des „Kurzen Traktats"), aus der Perspektive eben dieses Modus zu betrachten. Es ist die Einsicht der „Ethik", daß die Theorie menschlichen Glücks aus der Perspektive des Menschen zu entwickeln ist, weil es ein Glück ist, das er gegen ein Verfehlen erlangen muß und das zu erlangen es eines Weges bedarf, den er unter den spezifischen Bedingungen seiner Endlichkeit zu gehen hat. Wenn deshalb gilt, und in diesem Punkt kommen Frühschrift und Hauptwerk überein, daß beim inadäquaten Erkennen die Veränderungen der Seele (bzw. die Ideenabfolge im Geist) den Veränderungen des Körpers (bzw. der Abfolge der faktischen Affektionen des Körpers), diese bloß abbildend, folgen, so kann doch nicht in analoger Weise dasjenige, wozu der Mensch in dem adäquaten Erkennen gelangt, aus einer Wirksamkeit der göttlichen Substanz, die der Mensch empfängt, verständlich gemacht werden. Denn durch diese Wirksamkeit ist der Mensch immer schon bestimmt, gleichgültig wie er erkennt, ob inadäquat oder adäquat, während die zu beantwortende Frage ist, wie er diese Wirksamkeit, die ihn schon bestimmt, zu etwas für sich machen kann, wie er unter den Bedingungen seiner Endlichkeit also darum wissen kann.[30]

[30] Vgl. hierzu zuletzt U. Renz, Die Erklärbarkeit von Erfahrung. Realismus und Subjektivität in Spinozas Theorie des menschlichen Geistes, Frankfurt/Main 2010.

Hierfür ist zwar die Wirksamkeit Gottes in einer jeden Idee die ontologische Voraussetzung; in der „Ethik" zeigt das Spinoza am Ende seiner Erkenntnistheorie (Eth. II, prop. 45–47). Wie der Mensch sich dieser Wirksamkeit aber versichern kann, dergestalt daß er sich in seinem Handeln von ihr auch leiten läßt, das zu zeigen, bedarf es eines langen Weges der Erörterung. Er erstreckt sich über zweieinhalb weitere Teile der „Ethik", bis am Ende des 5. Teils jene Ebene erreicht wird, die im „Kurzen Traktat" ihr Pendant hat, auf der gezeigt werden kann, inwiefern das menschliche Glück in der Liebe zu Gott besteht (Eth. V, prop. 36, schol.). Sie nennt Spinoza in der „Ethik" eine geistige Liebe (amor intellectualis), weil sie allein der Erkenntnis entspringt (Eth. V, prop. 32, coroll.), die Spinoza terminologisch als intuitive Erkenntnis (scientia intuitiva) bestimmt. Aus ihr entspringt die Liebe zu Gott, weil mit ihr eine Freude verbunden ist (Eth. V, prop. 27), die der Erkennende aus der Steigerung seiner eigenen Aktivität im Akt des Erkennens erfährt und die ihn die Ursache dieser Steigerung, nämlich Gott, lieben läßt. Der Mensch liebt also Gott nur, insofern er ihn erkennt und in dieser Erkenntnis Gott als diejenige Ursache erkennt, die es ihm ermöglicht, eine Aktivität des Erkennens zu entfalten, in der er durch nichts ihm Äußeres bestimmt ist und insofern frei ist. Spinoza hat diese Form der Erkenntnis in der „Ethik" nicht nur mit der Struktur des menschlichen conatus verträglich zu machen, sondern sie aus ihr auch zu erklären versucht (Eth. V, prop. 25 ff.), weil nur so verständlich gemacht werden kann, daß der Mensch sich von dieser Erkenntnis auch leiten läßt, anders gewendet, daß sie etwas ist, was ihm zugesprochen werden kann. Jene Unterscheidung zwischen der zweiten und dritten Erkenntnisart, die Spinoza schon in unserem Traktat trifft, daß nämlich die Vernunft (ratio), weil sie auf ein abstrakt Allgemeines geht, das „außer uns" ist, uns nicht unmittelbar affiziert (II, Kap. 21), wird in der „Ethik" ausführlich erörtert (IV. Teil). Doch wird die Form des unmittelbaren Betroffenseins des Geistes in der intuitiven Erkenntnis nicht, wie in dem Traktat, so aufgefaßt, daß „das Objekt selbst sich in dem Verstand manifestiert" (II, Kap. 22, Abschn. 1), weil dabei außer acht bleibt, was der menschliche Geist selbst dabei tut.

Menschliches Erkennen kann nicht, wie in dem Traktat, als „ein einfaches und reines Leiden" (II, Kap. 15) verstanden werden.[31] Auch in der inadäquaten Erkenntnisart des bloßen Meinens (imaginatio) leidet der erkennende Geist nicht, weil er Wirkungen von den Objekten empfängt, sondern weil in ihm eine Verknüpfung von Ideen statthat, die einer Abfolge zufälliger Körperaffektionen entspricht, deren Ursache nicht der Geist selber ist. Und die adäquate Erkenntnis resultiert nicht aus einem Objekt, das in Gestalt Gottes herrlicher und vollkommener als der Körper ist, sondern aus einer Aktivität des Geistes, der Ideen bildet (vgl. Eth. II, def. 3). Sie kommt dem Geist nicht aus den Dingen zu, vielmehr realisiert er sie in einer bestimmten Betrachtungsart der Dinge, nämlich derjenigen, die die Dinge „sub specie aeternitatis" betrachtet (Eth. II, prop. 44, coroll. 2). Spinoza befreit in der „Ethik" den Begriff der intuitiven Erkenntnis von all den Momenten, die im „Kurzen Traktat" dieser Erkenntnisart noch anhaften und sie in die Nähe einer der Rationalität sich entziehenden Mystik bringen:[32] sowohl das Moment des Leidens, das das Erkennen zu einem Sichereignen in der Seele aufgrund einer rational nicht ausweisbaren Wirksamkeit Gottes macht, als auch das Moment einer Vereinigung der Seele mit Gott, das den Anschein erweckt, als ob in der höchsten Erkenntnisart nicht mehr der endliche Mensch, um dessen Glück es geht, erkennt. Getilgt werden auch die Elemente, die das intuitive Erkennen vom Objekt her über Merkmale plausibel zu machen suchen, die letztlich einer moralphilosophischen Betrachtungsweise entstammen (wie die Herrlichkeit oder Güte

[31] Vgl. hingegen auch F. Mignini, L'intendere è un puro patire (KV, 2/15,5). Passività e attività della conoscenza in Spinoza. In: La Cultura 25 (1987), S. 120–151.

[32] Vgl. hierzu insbesondere die Analyse der scientia intuitiva bei M. Gueroult, Spinoza II, Hildesheim/Paris 1974, S. 435 ff.

Gottes), und vom Subjekt her über Formen des Genießens und Schmeckens, die einem ästhetischen Bereich angehören. In der „Ethik“ ist Gott in der intuitiven Erkenntnis in erster Linie Gegenstand unter dem Aspekt der Ewigkeit, unter dem der menschliche Geist zugleich seine eigene Ewigkeit erkennt, die ihm zwar immer schon zukommt, sofern er ein Modus Gottes ist, die aber nur etwas für ihn ist, wenn er sich selber aus Gott als seiner Ursache erkennt. Deshalb ist der Mensch nur ewig, sofern er Ewiges erkennt, also als ein erkennendes Wesen; und als dieses Wesen bleibt er getrennt von Gott, weil er nur unter den Bedingungen seiner Endlichkeit und damit auch Körperlichkeit erkennt.

So ist es auf dem Boden des „Kurzen Traktats“ nicht die Theorie Gottes, sondern die Theorie des endlichen Modus, die der Verbesserung bedarf. Es ist die Einsicht, daß die Explikation der Struktur Gottes und dessen, was aus ihr mit Notwendigkeit folgt, nicht auch schon enthält, wie das, was an sich ist, zu etwas für den Menschen wird, wie also der Mensch, der immer schon durch Gott bestimmt ist, zu einem Handeln gelangen kann, das diesem Bestimmtsein gemäß ist. Hierfür bedarf es einer Theorie des menschlichen Erkennens, die zugleich darlegt, daß der Mensch im adäquaten Erkennen realisiert, worauf jedes endliche Ding natürlicherweise aus ist, eine Steigerung der ihm eigenen Wirkungsmacht (potentia agendi), die jedem Ding essentiell zukommt, weil Gottes Macht als immanente Kausalität jeden bewirkten Modus selber eine Macht (potentia) sein läßt.

Deshalb ist zu zeigen, daß der Verstand eine Macht ist – „de potentia intellectus“ ist der V. Teil der „Ethik“ überschrieben –, und zwar eine größere Macht als andere Äußerungsformen des menschlichen Geistes. Genau das ist das Thema der anderen Frühschrift Spinozas, der „Abhandlung über die Verbesserung des Verstandes“. In diesem Traktat geht Spinoza von der Orientierungslosigkeit des Menschen und dem in der Erfahrung äußerer Ereignisse implizierten Leiden aus[33] und

[33] Vgl. P.-F. Moreau, Spinoza. L’expérience et l’éternité, Paris 1994.

zeigt, inwiefern der Mensch allein im Gebrauch des Verstandes eine vernünftige Orientierung, in der sein Glück besteht, zu erlangen vermag. Ihn zu verbessern angesichts der faktischen Orientierungslosigkeit des Menschen und im Hinblick auf sie ist das Programm der „Abhandlung über die Verbesserung des Verstandes“, die insofern ein unerörtert gebliebenes Problem des „Kurzen Traktats“ aufgreift. Denn dieser gibt in seinem zweiten Teil nicht die Theorie einer Verbesserung des Verstandes, sondern eine Typologie von Gegenständen, aus deren Verfassung er auf eine Typologie von Erkenntnisarten schließt, die den Gegenständen korrespondieren. Inwiefern die Wirksamkeit des Gegenstandes Gott in der Seele etwas für die Seele ist, sie selbst also die Erkenntnis Gottes hat, wird dort nicht gezeigt. Die „Abhandlung über die Verbesserung des Verstandes“ legt dar, daß es hierfür einer Aktivität des Geistes (mens) bedarf, die die Voraussetzung jeglicher Form klaren und deutlichen Erkennens ist. Auf der Basis der gegebenen wahren Idee Gottes muß der Geist aus dieser Idee andere Ideen herleiten, will er eine deutliche Erkenntnis der aus der Natur Gottes folgenden Dinge haben. Im Unterschied zu den verworrenen Ideen, die sich im Geist ereignen, sind die deutlichen Ideen solche, die der Geist selber bildet, von denen es deshalb, in noch vorsichtiger Formulierung, heißt, daß sie „aus der Notwendigkeit unserer Natur allein (ex sola necessitate nostrae naturae) so zu folgen scheinen, daß sie in unbedingter Weise von unserer Macht allein (a sola nostra potentia) abzuhängen scheinen“.[34] Im Unterschied zur Passivitätstheorie des „Kurzen Traktats“ steht diese Theorie zweifellos der „Ethik“ näher, meines Erachtens ein Anzeichen dafür, daß die „Abhandlung über die Verbesserung des Verstandes“ später als der „Kurze Traktat“ konzipiert ist.[35]

[34] Abhandlung über die Verbesserung des Verstandes (Abschn. 108; Ziffer 6), übersetzt und herausgegeben von W. Bartuschat, Hamburg 2. Aufl. 2003 (PhB Bd. 95a).

[35] Vgl. auch die Einleitung von B. Rousset in die von ihm besorgte Ausgabe „Traité de la réforme de l’entendement“, Paris 1992.

Vorbereitet ist in der späteren Schrift die für die „Ethik" leitende, im frühen Traktat aber nicht erörterte Unterscheidung zwischen „wahrer Idee" (Eth. I, ax. 6) und „adäquater Idee" (Eth. II, def. 4), in der Spinoza eine Idee nach ontologischer und gnoseologischer Hinsicht unterscheidet. Besteht die Wahrheit einer Idee darin, daß sie mit ihrem Gegenstand übereinstimmt (Eth. I, ax. 6), was durch die attributiv gegliederte Natur Gottes verbürgt ist, mit der Folge, daß in dieser Hinsicht jede Idee immer schon wahr ist (Eth. II, prop. 32), so ist die Adäquatheit einer Idee ein Merkmal, das unser Wissen beschreibt, das wir von der Idee haben und das als dieses Idee-immanent ist (Eth. II, def. 4). Es resultiert nicht aus dem Bezug auf einen der Idee korrespondierenden Gegenstand, sondern aus einer Verfassung bloß der Idee, aus der wir ihr ontologisches Merkmal, mit dem Gegenstand übereinzustimmen, erkennen, sofern wir die Idee aus ihrer wahren Ursache herleiten, nämlich der Natur Gottes im Attribut Denken. In der Erkenntnis dieser Ursache sind allein Ideen auch wahr *für uns*, weil wir sie unter dem Aspekt der Adäquatheit erfassen, der in unserer Aktivität eines Herleitens von Ideen besteht. Die Wendung, daß die Wahrheit sich selbst und die Falschheit offenbart, die sich in der „Ethik" („veritas norma sui et falsi est", II, prop. 43, schol.) wie auch schon im „Kurzen Traktat" („dat de waarheid en zig zelfs en ook de valsheid openbaard", II, Kap. 15, Abschn. 3) findet, impliziert ein Subjekt, dem sie sich offenbart und das darin eine zweifelsfreie Gewißheit erlangt. Die „Ethik" betont aber ausdrücklich, daß diese Zweifelsfreiheit für denjenigen gilt, der eine wahre Idee hat („veram ideam habet", ebd.), die Wahrheitsvergewisserung also an das Haben einer Idee gebunden ist. Genau dann ist die Idee nichts Stummes wie ein Gemälde auf einer Tafel, sondern eine Weise des Denkens (modus cogitandi), d. h. ein Akt der Einsicht (intelligere; ebd.). Und um verständlich zu machen, daß der Geist als Modus Gottes nicht nur eine Idee *ist*, sondern auch Ideen *hat*, bedarf es einer Untersuchung des menschlichen Verstandes (intellectus), den der „Kurze Traktat" noch nicht hinreichend thematisiert hatte.

Über sie kann auch erst deutlich werden, was menschliche Freiheit ist; der 5. Teil der „Ethik“ hat im Titel die beiden Aspekte zusammengeschlossen: „De potentia intellectus, seu de libertate humana.“ Der „Kurze Traktat“ hat über den Begriff einer unmittelbaren Vereinigung mit Gott die menschliche Freiheit als eine feste Existenz definiert, kraft derer unser Verstand in sich Ideen und außer sich Wirkungen hervorbringt, die mit seiner Natur übereinstimmen (II, Kap. 26). Der „Ethik“ zufolge ist ein Ding dann frei, wenn es „allein von sich her zum Handeln bestimmt wird“ (Eth. I, def. 7), und das heißt, wenn das, was es hervorbringt, allein aus seiner Natur *folgt*. Spinoza hat hier den Begriff der Übereinstimmung durch den der Konsequenz ersetzt, die an die Positivität einer dem Verstand zukommenden Macht (potentia) gebunden ist. Frei ist der Mensch dann, wenn er in seinem Verstand etwas hervorbringt, was allein der Aktivität eines Erkennens unterliegt, in der er nicht äußeren Einwirkungen unterliegt, die ihn zwingen.

Weist so die „Abhandlung über die Verbesserung des Verstandes“ in einer von dem „Kurzen Traktat“ ausgeblendeten Perspektive auf die „Ethik“, so ist sie zugleich durch eine Schwäche gekennzeichnet, die wohl der Grund dafür ist, daß Spinoza diese frühe Abhandlung unvollendet hat liegenlassen. Es ist das methodische Vorgehen,[36] im Ausgang von einem defekten Erkennen und damit letztlich auf der cartesischen Basis eines zweifelnden Subjekts den Weg zu Gott als dem Garanten sicherer und zweifelsfreier Erkenntnis finden zu wollen, das zu einer unangemessenen Bestimmung Gottes und damit dann auch des menschlichen Erkennens führt. Es bedarf einer vorgängigen Explikation der ontolo-

[36] Damit soll nicht geleugnet werden, daß es dort auch inhaltliche Unklarheiten gibt, etwa zum Status des Allgemeinen. Vgl. hierzu: F. Mignini, Nuovi contributi per la datazione e l’interpretazione del „Tractatus de intellectus emendatione“. In: E. Giancotti (Hg.), Proceedings of the first italian international congress on Spinoza, Neapel 1985, S. 515–526.

gischen Bedingungen, unter denen das Erkennen steht, die erkennend einzuholen nur einem Erkennen gelingen kann, das schon durch Gott bestimmt ist und das deshalb vor einer Analyse der Struktur Gottes von einem Boden aus, der dieses Bestimmtsein unberücksichtigt läßt, nicht sachgerecht expliziert werden kann. Schon der „Kurze Traktat" hat deutlich gemacht, daß die Ontologie der Erkenntnistheorie vorangehen muß und, so läßt sich deuten, der Gedanke einer „Verbesserung" des Verstandes der Beschreibung eines zu verbessernden menschlichen Erkennens äußerlich bleibt, solange nicht gezeigt ist, welcher Art die ontologischen Bedingungen einer solchen Verbesserung sind. Die „Ethik" zeigt, daß sie am Ende nur gewußt werden können, wenn sie dem Prozeß der Verbesserung schon zugrunde liegen. Aber sie zeigt auch, daß sie nicht allein deshalb gewußt werden, weil sie schon zugrunde liegen, daß also das menschliche Wissen unter Bedingungen steht, die nicht bloßes Resultat der Ontologie sind.

Wir wissen, daß Spinoza die Herausgabe seiner Opera posthuma selber vorbereitet hat. In sie hat er die „Abhandlung über die Verbesserung des Verstandes" aufnehmen lassen, den „Kurzen Traktat" aber nicht. Dies muß offenbar so gedeutet werden, daß die Abhandlung über den Verstand, mag sie auch nicht zu einem befriedigenden Ende gebracht worden sein, ein wichtiges Element enthält, das das Konzept der „Ethik" zu ergänzen vermag, gerade weil es dort nicht hat integriert werden können. Ein solches Element enthält der „Kurze Traktat" nicht. Wesentliche Einsichten dieser Schrift hat Spinoza übernehmen können und in gewandelter Gestalt in die „Ethik" integriert. Falsches oder Nichtiges (über den Teufel) hat er nicht übernommen und offensichtlich geglaubt, es auch nicht separat veröffentlichen zu müssen. In seinen Augen ist die frühe Schrift nach Vollendung der „Ethik" überflüssig geworden, und vom Boden der „Ethik" her gesehen ist das auch konsequent. Denn für den Gehalt eines Werkes, das Sachverhalte „sub specie aeternitatis" darlegt und damit nicht aus der kontingenten Genese subjektiver Selbstverständigung, kann es nicht von Interesse sein,[37] wie der Autor im Verlauf seiner geistigen Entwicklung zu diesem Gehalt gelangt ist. Für uns Interpreten, die wir nicht dem Selbstverständnis Spinozas folgen, ist das anders. Wir haben in dem „Kurzen Traktat" den ersten Entwurf von Spinozas System in der ihm eigentümlichen Verquickung von Metaphysik und Ethik, der eine willkommene Interpretationshilfe für das Verständnis der „Ethik" sein kann. Er schafft uns über die nichtgeometrische Art der Darstellung einen ersten und vielleicht sogar leichteren Zugang zu dem System Spinozas und läßt als eine Folie das endgültige System in dessen spezifischer Verfugung der einzelnen Teile deutlicher sichtbar werden. Mag die Forschung zwischen den beiden Werken einen Kontrast sehen oder mit Mignini stärker die Kontinuität betonen, so ist sie sich in einem Punkt doch einig: Was die sachgerechte Explikation grundlegender Einsichten anbelangt, führt von der „Ethik" kein Weg zurück zum „Kurzen Traktat". Das schließt aber nicht aus, daß für unser Verstehen der Sache ein Weg vom ihm zur „Ethik" führt. Die neue Übersetzung dieses frühen Textes soll helfen, diesen Weg zu gehen.

4. Zu dieser Ausgabe

Die vorliegende Ausgabe folgt in der Übersetzung dem Manuskript A, das Mignini in der Amsterdamer Werk-Ausgabe (Band III: Korte Geschriften) und dann in der Pariser Ausgabe (Band I: Premiers écrits) kritisch ediert hat. Weggelassen sind die Randbemerkungen zum zweiten Teil des Traktats, da sie als bloße Inhaltsangabe für den argumentativen Aufbau des Textes keine Bedeutung haben. Desgleichen sind die Numerierungen, die sich im Manuskript, insbesondere im zweiten Teil, finden, nicht aufgenommen worden. Wenn sie auch möglicherweise von Spinoza selber stammen und darin Zeug-

[37] Gueroults große Spinoza-Interpretation ist ganz von dieser These geleitet.

nis seiner Absicht sind, Teile des Textes in eine weitere Bearbeitung des hier verhandelten Gegenstandes zu integrieren, so haben sie für sich genommen doch keine Erklärungskraft.

In der von mir herausgegebenen vorigen Ausgabe des Textes in der Philosophischen Bibliothek[38] hatte ich mich auf die bisherige Übersetzung von Gebhardt gestützt, die dem niederländischen Text in all seiner barocken Weitschweifigkeit sehr eng gefolgt ist. Sie ist von mir damals durchgesehen und unter Berücksichtigung der Änderungen, die sich im Textbestand durch Migninis neue Ausgabe ergeben haben, gründlich überarbeitet worden. Die erneute Durchsicht des Textes hat mich veranlaßt, die so entstandene Übersetzung eines selber schon übersetzten Textes, jetzt aus wiederum gleichsam zwei Händen, durch eine neue Übersetzung aus meiner Feder abzulösen, von der ich glaube, daß sie den Text durch eine präzisere Fassung der leitenden Begrifflichkeit unter Berücksichtigung der lateinischen Terminologie Spinozas in seiner Stringenz klarer macht. Die neueren Übersetzungen ins Englische (Curley), Italienische (Mignini) und Französische (Ganault) habe ich mit Gewinn konsultiert. Das deutsch-niederländische Begriffsregister enthält die wichtigsten Termini.

Die Einleitung berichtet über den Zustand des überlieferten Textes und seine Überlieferungsgeschichte und charakterisiert darüber hinaus den „Kurzen Traktat“ in seinem Verhältnis zu Spinozas ausgearbeitetem System, wie es sich in der „Ethik“ findet. Die Anmerkungen, auf die am Rand mit Sternchen verwiesen wird, enthalten (neben philologischen Hinweisen zum Textbestand) Verweise auf Parallelstellen in anderen Werken Spinozas und, in kritischer Beleuchtung, auch Hinweise auf Abweichungen bestimmter Textstücke gegenüber Spinozas Hauptwerk.

Hamburg, im Juli 2014 *Wolfgang Bartuschat*

[38] Kurze Abhandlung von Gott, dem Menschen und dessen Glück (5., grundlegend revidierte Neuausgabe), Hamburg 1991 (PhB Bd. 91).

BIBLIOGRAPHIE

A. Manuskripte

Ms. A: Korte Verhandeling van God, de Mensch en deszelvs Welstand (Blätter 2–99), aufbewahrt in der Königlichen Bibliothek in Den Haag (unter der Nr. 75 G 15).

Ms. B [redigiert von Monnikhoff], aufbewahrt in der Königlichen Bibliothek in Den Haag (unter der Nr. 75 G 16).

B. Ausgaben

Vloten, J. van: Ad Benedicti de Spinoza Opera quae supersunt omnia Supplementum, Continens Tractatum hucusque ineditum de Deo et homine, ..., Amsterdam 1862 [unzureichende Ausgabe des Ms. B unter partieller Berücksichtigung des Ms. A; zugleich lateinische Übersetzung].

Schaarschmidt, G.: Benedicti de Spinoza „Korte Verhandeling van God, de Mensch en deszelfs Welstand" ..., Amsterdam 1869 [erstmalige Ausgabe des Ms. A; noch unvollständig].

Vloten, J. van / J. P. N. Land: Benedictus de Spinoza. Opera quotquot reperta sunt, Den Haag 1882/83, 3. Aufl. 1914 in 4 Bänden; Bd. 4, S. 1–99 [Zusammenstellung beider Manuskripte in textkritisch unzureichender Form].

Gebhardt, C.: Opera, im Auftrag der Heidelberger Akademie der Wissenschaften (Heidelberg 1925; Nachdr. 1972); Bd. 1, S. 1–121 [erste textkritische Ausgabe des Ms. A; verweist auf Ms. B in der „Textgestaltung", dort auch die Randbemerkungen].

Mignini, F.: Spinoza, Korte Verhandeling van God, de Mensch en deszelvs Welstand, in: Werken van Spinoza (Bd. III, Korte Geschriften, S. 223–436), Amsterdam 1982 [die maßgebliche textkritische Ausgabe des Ms. A].

–: Spinoza. Korte Verhandeling/Breve Trattato, L'Aquila 1986 [Übernahme der Amsterdamer Werk-Ausgabe; italienische Übersetzung; ausführliche Einführung zur Rechtfertigung der Edition und umfassender Kommentar. Rez. P. Steenbakers in Studia Spinozana 4 (1988), S. 377–392].

Mignini, F.: Korte Verhandeling/Court Traité, in: Spinoza, Œuvres (Band I: Premiers écrits, S. 182–474), Paris 2009 [mit frz. Übersetzung von J. Ganault; textkritische Ausgabe im Rahmen der kritischen Gesamtausgabe der Werke Spinozas].

C. Übersetzungen

DEUTSCH:

Schaarschmidt, C.: B. de Spinoza, Kurzgefaßte Abhandlung von Gott, dem Menschen und dessen Glück, Berlin 1869, ³1907 [Philosophische Bibliothek, Band 91].

Sigwart, C.: B. de Spinoza, Kurzer Tractat von Gott, dem Menschen und dessen Glückseligkeit, Tübingen 1870, ²1881 [mit Erläuterungen; enthält Verbesserungen des Textes].

Gebhardt, C.: B. de Spinoza, Kurze Abhandlung von Gott, dem Menschen und seinem Glück, Leipzig ⁴1922, Nachdruck Hamburg 1959. [Philosophische Bibliothek, Band 91, herausgegeben auf der Basis der Heidelberger Opera, abgelöst durch die neubearbeitete Auflage 1991].

ENGLISCH:

Wolf, A.: Spinoza's Short treatise on God, man and his well-being, London 1910, New York ²1963 [mit Kommentar; enthält Verbesserungen des Textes].

Curley, E.: Spinoza's Short Treatise on God, Man, and His Well-Being, in: The Collected Works of Spinoza, Bd. 1, S. 46–156, Princeton 1985.

FRANZÖSISCH: Ganault, J. [siehe unter Ausgaben].

ITALIENISCH: Mignini, F. [siehe unter Ausgaben].

PORTUGIESISCH:

Angelo da Rocha, F. / Guimaraes, O.: Baruch de Espinosa, Breve Tratado de Deus, do homem e do seu bem-estar, Belo Horizonte 2012 [mit Anmerkungen].

SPANISCH:

Dominguez, A.: Spinoza, Tratado breve, Madrid 1990 [mit Einführung und Anmerkungen].

D. Kommentare

Boss, G.: L'enseignement de Spinoza. Commentaire du „Court Traité", Zürich 1982.

Mignini, F. [siehe unter Ausgaben].

E. Einzeluntersuchungen

Addante, P.: Le fonti della filosofia spinoziana nel „Breve Trattato", Bari 1970.

Avenarius, R.: Über die beiden ersten Phasen des Spinozanischen Pantheismus und das Verhältnis der zweiten zur dritten Phase, Leipzig 1868, Nachdruck London 1980.

Boehm, R.: „.Dieses war die Ethik und zwar Niederländisch, wie sie Spinoza anfangs verfertigt". Spinozas Korte Verhandeling: eine Übersetzung aus einem lateinischen Urtext? In: Studia Philosophica Gandensia 5 (1967), S. 175–206.

Boehmer, E.: Spinozana I, II und IV in: Zeitschrift für Philosophie und philosophische Kritik 36 (1860), 42 (1863), 57 (1870).

Curley, E.: Notes on the immortality of the soul in Spinoza's „Short Treatise", in: Giornale critico della Filosofia Italiana 56 (1977), S. 327–336.

–: Le corps et l'esprit; du Court Traité à l'Ethique, in: Archives de philosophie 51 (1988), S. 5–14.

Dunin-Borkowski, S.: Spinozas Korte Verhandeling van God, de Mensch en deszelfs Welstand, in: Chronicon Spinozanum 3 (1923), S. 108–141.

–: Einige rätselhafte Quellen der Korte Verhandeling Spinozas, in: Chronicon Spinozanum 4 (1924–26), S. 104–122.

Falgueras Salinas, J.: El establecimiento de la existencia de Dios en el „Tractatus Brevis" de Espinosa, in: Anuario filosofico 5 (1972), S. 99–151.

Freudenthal, J.: Spinozastudien I, in: Zeitschrift für Philosophie und philosophische Kritik 108 (1896), S. 238–282.

–: Spinozastudien II, in ebd. 109 (1897), S. 1–25.

Ganault, J.: Immanence et transcendance dans le Court Traité, in: Archives de philosophie 51 (1988), S. 29–37.

Gueroult, M.: Spinoza I, Paris 1968 und Spinoza II, Hildesheim 1974 [jeweils im Anhang].

Joel, M.: Zur Genesis der Lehre Spinozas mit besonderer Berücksichtigung des Kurzen Traktats „Von Gott, dem Menschen und dessen Glückseligkeit“, Breslau 1871.

Jongeneelen, G.H.: The translator of Spinoza's „Short Treatise“, in: Studia Spinozana 2 (1986), S. 242–264.

Mignini, F.: Un documento trascurato della revisione spinoziana del „Breve Trattato“, in: La Cultura 18 (1980), S. 223–273.

–: Sur la genèse du Court traité; l'hypothèse d'une dictée originaire est-elle fondée? in: Cahiers Spinoza 5 (1984–85), S. 147–165.

–: L'intendere è un puro patire (KV, 2/15,5). Passività e attività della conoscenza in Spinoza, in: La Cultura 25 (1987), S. 120–151.

– (Hg.): Dio, l'uomo, la libertà. Studi sul „Breve Trattato“ di Spinoza, L'Aquila 1990.

Pousseur, J.M.: La première métaphysique spinoziste de la connaissance, in: Cahiers Spinoza 2 (1978), S. 287–314.

Pupi, A.: Il „Breve Trattato“ di Spinoza, in: Rivista di filosofia neoscolastica 44 (1952), S. 432–443.

–: L'Ethica di Spinoza alla luce del Breve Trattato, in: Rivista di filosofia neoscolastica 45 (1953), S. 229–252.

Ramond, C.: Les mille et une passions du Court Traité, in: Archives de philosophie 51 (1988), S. 15–27.

Robinson, L.: Untersuchungen über Spinozas Metaphysik, in: Archiv für Geschichte der Philosophie 19 (1906), S. 297–332 und 451–485.

Sigwart, C.: Spinoza's neuentdeckter Tractat von Gott, dem Menschen und dessen Glückseligkeit, Gotha 1866.

Trendelenburg, A.: Über die aufgefundenen Ergänzungen zu Spinozas Werken und deren Ertrag für Spinozas Leben und Lehre, in: ders.: Historische Beiträge zur Philosophie III, Berlin 1867, S. 277–398.

Wolf, A.: Die Bedeutung des „Kurzen Traktats“ und der „Abhandlung über die Verbesserung des Verstandes“ für den Aufbau und die Entwicklung des Systems Spinozas, Breslau 1919.

BARUCH DE SPINOZA

KURZER TRAKTAT ÜBER GOTT, DEN MENSCHEN UND DESSEN GLÜCK

[Johannes Monnikhoff]

ZUSAMMENFASSUNG *

der Abhandlung des Benedictus de Spinoza Über Gott, den Menschen und dessen Glück, bestehend aus zwei Teilen nebst einem Anhang

Der erste Teil besteht in einer Abhandlung über die Natur der Substanz, d.h. über die Essenz Gottes und diejenigen Attribute, die ihm zugeschrieben und von ihm ausgesagt werden müssen. Damit wir den Gehalt des ersten wie auch des zweiten Teils genau verstehen können, wird es nicht unnütz sein, folgende Einführung zu geben.

Im 1. Kapitel zeigt der Verfasser, daß er eine Idee von Gott in sich hat; gemäß dieser Idee definiert er Gott als ein Seiendes, das aus unendlichen Attributen besteht, deren jedes in seiner Gattung unendlich vollkommen ist, und folgert daraus, daß Existenz zu dessen Essenz gehört, daß also Gott notwendigerweise existiert.

Um nun weiter aufzuzeigen, welche Vollkommenheit im besonderen zur göttlichen Natur und Essenz gehört, geht er im 2. Kapitel zur Betrachtung der Natur der Substanz über, von der er zu beweisen sucht, daß sie notwendigerweise unendlich ist, daß folglich nur eine einzige existieren und die eine nicht von einer anderen hervorgebracht werden kann; daß vielmehr zu der einen Substanz (der er den Namen Gott beilegt) alles gehört, was ist; daß die denkende und die ausgedehnte Natur zwei ihrer unendlichen Attribute sind und jedes von ihnen höchstvollkommen und unendlich in seiner Gattung; und daß deshalb alle besonderen endlichen und begrenzten Dinge (wie er später ausführlicher erklärt), wie die menschlichen Seelen und Körper usw., als ihre Modi gefaßt werden müssen, durch welche diese Attribute und durch sie wiederum die Substanz oder Gott auf unendliche Weisen ausgedrückt werden. Nachdem dies alles durch Dialoge näher dargetan und ausführlicher bewiesen ist, wird im 3. Kapitel daraus hergeleitet, inwiefern Gott die Ursache der Dinge ist und zwar eine immanente usw.

Um aufzuzeigen, welches ihm zufolge Gottes essentielle Attribute sind, geht er zum 4. Kapitel über, in dem er beweist, daß Gott eine notwendige Ursache aller Dinge ist, deren Natur weder von der sie tatsächlich konstituierenden hätte verschieden sein können noch von Gott in anderer Form oder Ordnung hätte verursacht werden können, sowenig wie Gott eine andere Natur oder Essenz hätte haben können als diejenige, die zu seiner aktuellen und unendlichen Existenz gehört. Diese sogenannte Verursachung und die mit ihr verbundene Notwendigkeit der Dinge, zu sein und zu wirken, führt hier den Namen der ersten Eigenschaft Gottes.

Hierauf wird im 5. Kapitel als seine zweite Eigenschaft das Streben angeführt, demzufolge die ganze Natur und folglich jedes einzelne Ding bestrebt ist, seinen Zustand und sein Sein zu erhalten. Dieses Streben wird, soweit es über die Gesamtheit der Dinge sich erstreckt, Gottes allgemeine Vorsehung genannt, soweit auf jedes Individuum an sich, ohne Bezug auf die übrigen Teile der Natur, Gottes besondere Vorsehung.

Hierauf wird im 6. Kapitel als Gottes dritte Eigenschaft die Prädestination oder Vorherbestimmung eingeführt, die sich über die ganze Natur und über jedes einzelne Ding erstreckt und alle Zufälligkeit ausschließt. Hierfür stützt er sich hauptsächlich auf das 4. Kapitel: Auf der Grundlage, daß das Welt-All (das bei ihm Gott heißt) der Essenz wie der Existenz nach notwendig ist und zu ihm alles gehört, was existiert, folgt aus dieser falschen Annahme der unvermeidliche Schluß, daß nichts Zufälliges sich ereignen kann. Danach äußert er sich, um dagegen vorgebrachte Einwände aus dem Weg zu räumen, zu den wahren Ursachen des Schlechten, der Sünde, des Irrtums usw., womit die Untersuchung der essentiellen Eigenschaften Gottes abgeschlossen wird.

Von diesen geht er über zum 7. Kapitel, in dem solche Eigenschaften Gottes genannt werden, die er bloß für implizit und Gott nicht eigentlich zukommend oder auch für relationale Bezeichnungen seiner essentiellen Attribute erklärt. Bei dieser Gelegenheit werden die Ansichten der Peripatetiker über die Natur der Definition Gottes und den Beweis seiner Existenz in kurzer Erörterung zurückgewiesen.

Damit der Unterschied, der nach Meinung des Verfassers zwischen Natura naturans und Natura naturata besteht, deutlich begriffen wird, äußert er sich dazu kurz im 8. und 9. Kapitel.

Hierauf wird im 10. Kapitel auf dieselbe Weise wie im 6. Kapitel dargetan, daß die Menschen, nachdem sie gewisse allgemeine Ideen gebildet und die Dinge mit ihnen in Verbindung gebracht und verglichen haben, daraus die Begriffe von gut und schlecht bilden: Sie nennen diejenigen Dinge gut, die mit einer solchen allgemeinen Idee übereinkommen, und schlecht, sofern sie von ihr verschieden und ohne Übereinstimmung mit ihr sind, derart daß gut und schlecht nichts anderes sind als Entitäten der Vernunft oder Modi des Denkens.

Damit wird der erste Teil dieser Abhandlung abgeschlossen.

Den zweiten Teil eröffnet der Verfasser mit Überlegungen zum Zustand des Menschen, vor allem, wie er den Leidenschaften unterworfen und durch sie geknechtet ist, ferner, worauf der Gebrauch seiner Vernunft sich erstreckt und wie weit er reicht, und schließlich, welches das Mittel ist, das ihn zu seinem Heil und seiner vollkommenen Freiheit leitet.

Nachdem er so in der Vorrede dieses Teils kurz über die Natur des Menschen gesprochen hat, wird im 1. Kapitel von den einzelnen Arten der Erkenntnis oder Wahrnehmung gehandelt und wie sie im Menschen auf viererlei Weise hervorgerufen oder erzeugt werden, nämlich 1. durch Hören oder irgendeine Erzählung; 2. durch bloße Erfahrung; 3. durch gute und rechte Vernunft oder wahre Überzeugung; und schließlich 4. durch inneres Genießen und klare Einsicht in die Sache selbst. All das wird durch ein der regula de tri entnommenes Beispiel erläutert.

Damit klar und deutlich begriffen wird, was aus diesen vier Erkenntnisarten resultiert, wird im 2. Kapitel zunächst ihre Definition gegeben und sodann im einzelnen aufgezählt, was eine jede bewirkt: die erste und zweite Erkenntnisart die Affekte, die der gesunden Vernunft widerstreiten, die dritte Art die guten Begierden und die vierte Art die rechte Liebe mit allen ihren Folgen.

Zuerst werden dann im 3. Kapitel die Affekte behandelt, die der ersten und zweiten Erkenntnisart, d.h. der Meinung entspringen, nämlich Verwunderung, Liebe, Haß und Begierde.

Hierauf wird im 4. Kapitel der Nutzen gezeigt, den die dritte Erkenntnisart für den Menschen in sich schließt, indem sie ihm beibringt, wie er gemäß der wahren Leitung der Vernunft zu leben hat, und ihn damit antreibt, das allein Liebenswerte zu ergreifen, ferner, wie die der Meinung entspringenden Affekte zu sichten und zu scheiden sind, worin sie ihn anleitet, inwieweit er ihnen zu folgen oder aber zu entgehen hat. Um den Gebrauch der Vernunft etwas spezieller zu fassen, handelt unser Verfasser

Im 5. Kapitel von Liebe.

Im 6. Kapitel von Haß und Abneigung.

Im 7. Kapitel von Begierde, Freude und Trauer.

Im 8. Kapitel von Hochschätzung und Geringschätzung, von Demut und Edelmut, von Hochmut und Kleinmut.

Im 9. Kapitel von Hoffnung und Furcht, von Zuversicht und Verzweiflung, von Bestürzung, Selbstvertrauen, Kühnheit und Nacheiferung, von Feigheit und Ängstlichkeit, und endlich von Eifersucht.

Im 10. Kapitel von Gewissensbiß und Reue.

Im 11. Kapitel von Spott und Scherz.

Im 12. Kapitel von Ruhm, Scham und Unverschämtheit.

Im 13. Kapitel von Gunst, Dankbarkeit und Undankbarkeit.

Endlich im 14. Kapitel von Gram.

Damit hat er erledigt, was nach seinem Urteil über die Affekte zu bemerken war, und geht über zum 15. Kapitel, in dem die letzte Wirkung der wahren Überzeugung oder dritten Erkenntnisart als das Mittel eingeführt wird, durch das das Wahre, in der Trennung vom Falschen, uns kenntlich wird.

Nachdem Spinoza so seinen Gedanken gemäß dargelegt hat, was gut und schlecht, was Wahrheit und Falschheit ist, sowie auch, worin das Glück eines vollkommenen Menschen besteht, hält er eine Untersuchung für erforderlich, ob wir zu einem solchen Glück freiwillig oder genötigt gelangen.

Hierfür zeigt er im 16. Kapitel, was der Wille ist, dabei behauptend, daß dieser keineswegs frei ist, sondern daß wir dieses oder jenes zu wollen, zu bejahen oder zu verneinen in jeder Hinsicht durch äußere Ursachen bestimmt werden.

Damit man aber Wille und Begierde nicht durcheinanderwirft, weist er im 17. Kapitel den Unterschied zwischen beiden auf. Und wie schon den Verstand und den Willen hält er auch die Begierden nicht für frei, sondern versteht alle und jede Begierde ebenso wie diesen oder jenen Willensakt als durch äußere Ursachen bestimmt.

Um den Leser zur Annahme des Vorhergehenden zu bewegen, kommt er im 18. Kapitel im einzelnen zur Darlegung der Vorteile, die nach seinem Urteil darin enthalten sind.

Ob aber der Mensch durch die genannte Überzeugung oder dritte Erkenntnisart zum Genießen des höchsten Gutes und der höchsten Glückseligkeit geleitet und von den Affekten, sofern sie schlecht sind, befreit wird, untersucht unser Verfasser im 19. und 20. Kapitel; in Bezug auf das zweite zeigt er, wie die Seele mit dem Körper vereinigt ist, durch den sie verschiedene Affektionen erfährt, die, von ihr unter der Form von gut oder schlecht begriffen, als die Ursache aller Affekte, welcher auch immer, angesehen werden. Da nun derartige Meinungen, wodurch die genannten Affektionen des Körpers und mit ihnen die Affekte als gut oder schlecht begriffen werden, dem 1. Kapitel dieses Teils zufolge bei der ersten Erkenntnisart aus einem Hörensagen oder irgendeinem anderen äußeren Zeichen entstehen oder aber bei der zweiten Erkenntnisart in unserer eigenen Erfahrung gründen, überzeugt sich der Verfasser im 21. Kapitel von Folgendem: Weil das, was wir in uns selbst finden, mehr Macht über uns hat, als was von außen hereinkommt, kann die Vernunft zwar die Ursache für die Vernichtung der durch die erste Erkenntnisart erhaltenen Meinungen sein, da sie, anders als die Meinungen, nicht von außen in uns kommt; aber keineswegs hat sie die Kraft, auch diejenigen zu vernichten, die wir durch die zweite Erkenntnisart erhalten, da das, was wir in uns genießen, nicht durch etwas besiegt werden kann, selbst wenn es mächtiger ist, was außer uns ist und wir durch die Vernunft bloß betrachten.

Da also die Vernunft oder dritte Erkenntnisart keine Macht hat, uns zu unserem Glück zu bringen oder die Affekte, die aus der zweiten Erkenntnisart hervorgehen, zu überwinden, schreitet Spinoza im 22. Kapitel weiter zur Untersuchung dessen, was hierzu das wahre Mittel sein kann. Da Gott das höchste Gut ist, das die Seele erkennen und besitzen kann, schließt er: Wenn wir in die Vereinigung mit ihm, in die Erkenntnis und Liebe Gottes, einmal so tief eindringen wie in jene, die wir mit dem Körper genießen und durch ihn erhalten, in eine Vereinigung, die nicht aus Vernunftschlüssen, sondern in einem innerlichen Genießen und einer unmittelbaren Vereinigung mit der Essenz Gottes besteht, dann haben wir durch die vierte Erkenntnisart unser höchstes Heil und unsere höchste Glückseligkeit erreicht; und deshalb ist diese letzte Erkenntnisart hierzu nicht nur das notwendige, sondern auch einzige Mittel. Und weil hierdurch die vortrefflichste Wirkung entsteht und eine unveränderliche Beständigkeit in denen, die sie genießen, gibt er ihr den Namen „Wiedergeburt“.

Da nun die menschliche Seele ihm zufolge eine Idee ist, die im Attribut Denken die Idee eines bestimmten Dinges ist, mit dem sie durch diese Idee vereinigt ist, leitet er daraus im 23. Kapitel ab, daß ihre Beständigkeit oder aber Veränderlichkeit gemäß der Natur des Dinges eingeschätzt werden müsse, dessen Idee sie ist, und daß folglich die Seele, wenn sie lediglich in der Vereinigung mit einem Ding besteht, das zeitlich ist und der Veränderung unterworfen (wie der Körper), notwendigerweise mit ihm leiden und untergehen muß, während sie im Gegenteil von allem Leiden befreit und der Unsterblichkeit teilhaftig wäre, sofern ihre Vereinigung mit einem Ding geschieht, dessen Natur ewig und unveränderlich ist.

Damit nichts darauf Bezogenes, soweit es Beachtung verdient, übergangen wird, untersucht unser Verfasser im 24. Kapitel, ob die Liebe des Menschen zu Gott wechselseitig ist, d.h. ob sie auch einschließt, daß Gott den Menschen liebt. Nachdem er das verworfen hat, erklärt er gemäß seiner früheren Methode, was göttliche und was menschliche Gesetze sind. Danach werden auch die Ansichten derer zurückgewiesen, die meinen, Gott offenbare sich dem Menschen und tue sich ihm durch etwas anderes kund als durch seine eigene Essenz, d.h. wie ein endliches und begrenztes Ding oder unter irgendeinem äußeren Zeichen, sei es durch Worte oder Wunder.

Und da seiner Meinung nach die Dauer eines Dinges sich aus seiner eigenen Vollkommenheit oder seiner Vereinigung mit etwas anderem von vollkommener Natur ergibt, leugnet er im 25. Kapitel, daß es einen Teufel gibt, da seinem Urteil nach ein Ding, das aller Vollkommenheit oder der Vereinigung damit entbehrt, wie er den Teufel definiert, weder Essenz noch Existenz haben kann.

Nachdem unser Verfasser also den Teufel beseitigt hat, den man anderswo zu suchen habe, und nachdem er bloß aus der Betrachtung der menschlichen Natur die Affekte abgeleitet und außerdem das Mittel angegeben hat, durch das sie im Zaum gehalten werden und das höchste Heil des menschlichen Geschlechts erreicht wird, beschreibt er des weiteren im 26. Kapitel, worin die wahre Freiheit des Menschen, hervorgehend aus der vierten Erkenntnisart, besteht, wozu er zuvor folgende Sätze aufstellt:

1. Je mehr ein Ding an Essenz hat, desto mehr hat es an Tätigkeit und desto weniger an Leiden. – 2. Alle Leidenschaft entsteht nicht aus einer inneren, sondern äußeren Ursache. – 3. Alles, was nicht von einer äußeren Ursache hervorgebracht wird, hat mit ihr nichts gemein. – 4. Keine Wirkung einer immanenten Ursache kann sich verändern oder vergehen, solange ihre Ursache dauert. – 5. Die allerfreieste Ursache, die nach seinem Urteil Gott am meisten entspricht, ist die immanente.

Aus diesen Sätzen leitet er wiederum die folgenden ab:

1. Gottes Essenz ist unendliche Tätigkeit und schließt alles Leiden aus; und deshalb ist alles, was mit ihm vereinigt ist, der Tätigkeit teilhaftig und frei von allem Leiden und Verderben. – 2. Der wahre Verstand kann nicht vergehen. – 3. Alle Wirkungen des wahren Verstandes, vereinigt mit ihm, sind im höchsten Maße vortrefflich und wie ihre Ursache notwendigerweise ewig. – 4. Alles, was wir außerhalb von uns hervorbringen, ist um so vollkommener, je mehr es sich mit uns vereinigen kann.

Aus all dem Gesagten schließt er, daß menschliche Freiheit in einer beständigen Existenz besteht, die unser Verstand durch die unmittelbare Vereinigung mit Gott besitzt, dergestalt daß weder er noch seine Wirkungen irgendeiner äußeren Ursache unterworfen sind, durch die sie vernichtet oder verändert werden könnten. Und deshalb muß er mit einer ewigen und beständigen Dauer verharren.

Hiermit beendet der Autor den zweiten und letzten Teil seines Werkes.

Als Anhang hat er eine Skizze über die Natur der Substanz hinzugefügt, in einer geometrischen Weise angeordnet; außerdem enthält er eine Untersuchung über die Natur der menschlichen Seele und deren Vereinigung mit dem Körper.

Damit beendet Spinoza seine Abhandlung, von der wir nur noch dies sagen müssen, daß er sie an vielen Stellen mit Anmerkungen versehen hat, um die Argumente zu erweitern oder klarer zu entfalten, und daß er sie auf Lateinisch geschrieben * hat, woraus sie ins Niederländische übersetzt worden ist, wie sie hier folgt.

[Benedictus de Spinoza]

KURZER TRAKTAT
ÜBER GOTT, DEN MENSCHEN
UND DESSEN GLÜCK

Vordem in lateinischer Sprache verfaßt von Benedictus de Spinoza, bestimmt für seine Schüler, die sich der Übung in der Ethik und der wahren Philosophie widmen wollten,

Und nunmehr in die niederländische Sprache übersetzt, bestimmt für die Liebhaber von Wahrheit und Tugend, damit denen, die in dieser Sache so großtun und ihren eigenen Dreck und Mist den Einfältigen als Ambra in die Hand drücken, einmal der Mund gestopft werde und sie aufhören über das, was sie noch nicht verstehen, zu lästern: *Gott, sich selbst* und *das Bemühen um das Glück aller*, und sie selbst die, die krank im Verstand sind, durch den Geist der Sanftmut und Verträglichkeit heilen, nach dem Vorbild des Herrn Christus, unseres besten Lehrmeisters.

ERSTER TEIL
VON GOTT UND VON DEM, WAS ZU IHM GEHÖRT

ERSTES KAPITEL
Daß Gott ist

[1] Was den ersten Punkt betrifft, ob es nämlich einen Gott gibt, das kann, sagen wir, bewiesen werden,

zunächst a priori folgendermaßen:

1. Alles, was wir klar und deutlich als zur Natur[1] eines Dinges gehörend erkennen, können wir auch in Wahrheit von diesem Ding aussagen. Nun können wir klar und deutlich erkennen, daß Existenz zur Natur Gottes gehört. Also ...

[2] Auf andere Weise noch folgendermaßen:

2. Die Essenzen der Dinge sind von Ewigkeit her und bleiben in Ewigkeit unveränderlich. Die Existenz Gottes ist Essenz. Also ...

[3] A posteriori folgendermaßen:

Wenn der Mensch eine Idee von Gott hat, muß[2] Gott an sich existieren. Nun hat der Mensch eine Idee von Gott. Also ...

[1] Verstanden als bestimmte Natur, durch die ein Ding ist, was es ist, und die von ihm in keiner Weise getrennt werden kann, ohne damit zugleich es selbst zu zerstören: wie es etwa zur Essenz eines Berges gehört, daß er ein Tal hat (oder wie es die Essenz eines Berges ist, ein Tal zu haben), was in der Tat ewig und unveränderlich ist und immer im Begriff des Berges liegen muß, auch wenn es niemals einen Berg gegeben hat oder gibt.

[2] Aus der folgenden Definition im 2. Kapitel, wonach Gott unendlich viele Attribute hat, können wir seine Existenz folgendermaßen beweisen: Alles, von dem wir klar und deutlich sehen, daß es zur Natur eines Dinges gehört, können wir in Wahrheit von diesem Ding aussagen; nun gehört zur Natur eines Seienden, das unendlich viele Attribute hat, ein Attribut, das Sein ist; also ... Hierauf nun zu sagen, daß dies eine Aussage über die Idee ist, nicht aber über das Ding selbst, ist falsch: denn die Idee besteht nicht materialiter in dem Attribut, das zu diesem Seienden gehört, so daß das [von der Idee]

[4] Den ersten Satz beweisen wir folgendermaßen: Wenn es eine Idee von Gott gibt, muß deren Ursache an sich existieren und alles in sich enthalten, was die Idee gegenständlich enthält. Nun gibt es eine Idee von Gott. Also ... *

[5] Um den Obersatz dieses Arguments zu beweisen, stellen wir folgende Prinzipien auf:

1. Es gibt unendlich viele erkennbare Dinge; 2. Ein endlicher Verstand kann das Unendliche nicht begreifen; 3. Ein endlicher Verstand kann nichts durch sich selbst erkennen, sondern nur, wenn er von etwas außerhalb seiner bestimmt wird; denn so wie er keine Macht hat, alles auf einmal zu erkennen, so wenig hat er die Macht, daß er beispielsweise dieses eher als jenes oder jenes eher als dieses zu erkennen beginnt oder sich anschickt. Wenn er also weder das eine noch das andere kann, kann er niemals etwas durch sich selbst.

[6] Der erste Satz (oder Obersatz) [von Abschn. 4] wird so bewiesen: Wenn nur eine Fiktion des Menschen die Ursache seiner Idee war, wäre es unmöglich, daß er etwas begreifen könnte. Nun kann er aber etwas begreifen. Also ...

[7] Der erste Satz [von Abschn. 6] läßt sich durch das erste Prinzip beweisen: daß es nämlich unendlich viele erkennbare Dinge gibt. Nach dem zweiten Prinzip kann der Mensch, weil sein Verstand begrenzt ist, von ihnen nicht alle erkennen, und wenn er durch keine äußeren Dinge bestimmt wird, dieses eher als jenes und jenes eher als dieses zu erkennen, wäre es unmöglich, daß er, nach dem dritten Prinzip, überhaupt etwas erkennen könnte.[3]

Ausgesagte weder für das Ding noch für das von ihm Ausgesagte gilt. Also ist zwischen der Idee und dem, wovon sie Idee ist, ein großer Unterschied, weshalb das von dem Ding Ausgesagte nicht von der Idee ausgesagt wird und umgekehrt.

[3] Ferner ist es auch falsch zu sagen, diese Idee sei eine Fiktion, denn es ist unmöglich, sie zu haben, wenn es sie nicht gibt; das wird hier auf Seite 14 dargetan, dem wir noch folgendes hinzufügen. Es ist wohl wahr, daß wir hinsichtlich einer Idee, die uns einmal von dem Ding selbst gekommen ist und die wir danach durch Abstrak-

[8] Aus alldem wird dann der zweite Satz bewiesen, daß nämlich die Ursache der Idee, die der Mensch hat, nicht seine Fiktion ist, sondern irgendeine äußere Ursache, die ihn bestimmt, das eine eher als das andere zu erkennen, was nichts anderes ist, als daß die Dinge, deren gegenständliche Essenz in seinem Verstand sind, an sich existieren und ihm näher sind als andere,

tion verallgemeinert haben, in unserem Verstand vieles Besondere fingieren, dem wir dann auch viele andere und von anderen Dingen abstrahierte Eigenschaften hinzufügen können. Aber das zu tun ist unmöglich, ohne zuvor das Ding selbst, das wir verallgemeinert haben, gekannt zu haben. Doch gesetzt einmal, diese Idee wäre eine Fiktion, dann müßten alle anderen Ideen, die wir haben, gerade so gut Fiktionen sein. Wäre dem so, woher käme uns dann ein so großer Unterschied zwischen den Ideen? Denn wir sehen einige, bei denen es unmöglich ist, daß ihre Gegenstände existieren, zum Beispiel alle Fabeltiere, die man aus zwei Naturen zusammenbringt, etwa ein Tier, das Vogel und Pferd ist, und dergleichen, die in der Natur, die wir ganz anders eingerichtet finden, unmöglich anzutreffen sind.

Bei anderen Ideen ist es zwar möglich, aber nicht notwendig, daß sie existieren, doch ist bei ihnen, ob sie nun existieren oder nicht existieren, ihre Essenz immer notwendig, etwa bei der Idee des Dreiecks oder der Liebe in der Seele ohne den Körper usw., derart daß ich, wenn ich auch zuerst dachte, ich hätte sie erdichtet, hinterher doch gezwungen bin zu sagen, daß sie dieselben sind und bleiben, auch wenn weder ich noch irgendein Mensch jemals an sie gedacht hätte. Genau deshalb sind sie nicht von mir fingiert und müssen auch außerhalb von mir ein subjectum haben, das nicht ich bin und ohne das sie nicht sein können.

Außerdem gibt es noch eine dritte Idee, die einzig ist und ein notwendiges Sein mit sich bringt, nicht wie die vorigen ein bloß mögliches; denn bei ihnen war zwar die Essenz notwendig, aber nicht die Existenz, während bei dieser Idee sowohl Existenz wie Essenz notwendig sind und die Idee ohne beides zugleich nichts ist. So sehe ich, daß die Wahrheit, Essenz oder Existenz eines Dinges nicht von mir abhängt, denn (wie bei der zweiten Art von Ideen dargetan wurde) sie sind, was sie sind, ohne mich, sei es nach der Essenz allein, sei es nach Essenz und Existenz zugleich. In der gleichen Weise, ja viel stärker noch, finde ich, daß dies bei jener dritten Idee, die einzig ist, zutrifft, und zwar nicht nur, daß sie nicht von mir abhängt, sondern

[die bloße Fiktionen sind]. Wenn nun der Mensch eine Idee von Gott hat, ist klar, daß Gott in Wirklichkeit existieren muß, aber nicht in eminenter Weise, weil es über oder außerhalb von ihm nichts von mehr Realität oder Vortrefflichkeit gibt.
[9] Daß der Mensch eine Idee von Gott hat, ist klar, weil er dessen Attribute[4] erkennt, die von ihm selbst, der unvollkommen ist, nicht hervorgebracht sein können. Daß er diese Attribute erkennt, ist evident, weil er ja weiß, daß das Unendliche nicht aus verschiedenen endlichen Teilen zusammengesetzt

im Gegenteil, daß Gott allein das subjectum dessen sein muß, was ich von ihm behaupte; so daß ich, wenn er nicht wäre, überhaupt nichts von ihm behaupten könnte, wie man es doch von anderen Dingen tut, auch wenn sie nicht existieren; daraus folgt, daß er (Gott) das subjectum aller anderen Dinge sein muß.

Dem, was sich aus dem bisher Gesagten klar ergibt, daß die Idee der unendlichen Attribute des vollkommenen Seienden keine Fiktion ist, ist noch Folgendes hinzuzufügen. In der bisherigen Erörterung haben wir in der Natur nicht mehr als nur zwei Attribute finden können, die diesem höchstvollkommenen Seienden zukommen. Doch können wir uns nicht damit zufriedengeben, daß diese beiden die Gesamtheit der Attribute sein könnten, aus denen dieses vollkommene Seiende bestünde; wir finden ganz im Gegenteil in uns ein Etwas, das uns offensichtlich nicht nur auf mehr, sondern sogar auf unendlich viele vollkommene Attribute hinweist, die diesem vollkommenen Seienden eigen sind und durch die es erst vollkommen genannt werden kann. Woher kommt diese Idee von Vollkommenheit? Jenes Etwas in uns kann nicht von diesen beiden Attributen herkommen, denn zwei gibt immer nur zwei und nicht unendlich viele. Woher also dann? Von mir auf keinen Fall, ich müßte denn geben können, was ich selbst nicht hatte. Woher also sonst als von diesen unendlich vielen Attributen selbst, die uns ihr Sein bekunden, ohne uns bisher zu bekunden, was sie sind; denn nur von zweien wissen wir, was sie sind.

[4] Statt von Attributen zu sprechen, wäre besser zu sagen, weil er erkennt, was Gott eigentümlich ist, denn jene Bestimmungen sind nicht Attribute Gottes. Gewiß ist Gott ohne sie nicht Gott, aber er *
ist es nicht durch sie, weil sie nichts Substantielles zu erkennen geben, sondern bloß wie Adjektive sind, die Substantive zu ihrer Erklärung brauchen.

sein kann; daß es nicht zwei Unendliche geben kann, sondern nur ein einziges; daß dieses vollkommen und unveränderlich ist, weiß er doch, daß kein Ding durch sich selbst seine eigene Vernichtung sucht; daß des weiteren das Unendliche sich nicht zu etwas Besserem oder in etwas Besseres verwandeln kann,[5] weil es vollkommen ist, was es in einem solchen Fall nicht wäre, oder auch daß es nicht durch etwas von außen gezwungen sein kann, da es ja allmächtig ist usw.

[10] Aus alldem folgt klar, daß man sowohl a priori wie a posteriori beweisen kann, daß Gott existiert. Sogar noch besser a priori. Denn Dinge, die man nicht so beweist, muß man von ihrer äußeren Ursache herleiten, was in ihnen eine offensichtliche Unvollkommenheit ist, weil sie sich dann nicht durch sich selbst zu erkennen geben können, sondern nur durch äußere Ursachen. Gott jedoch, erste Ursache aller Dinge und auch Ursache seiner selbst, gibt sich selbst durch sich selbst zu erkennen. Darum hat die Behauptung des Thomas von Aquino, man könne Gott, weil er angeblich keine Ursache hat, nicht a priori beweisen, keine große Bedeutung.

ZWEITES KAPITEL
Was Gott ist

[1] Nachdem wir oben bewiesen haben, daß Gott ist, wird es jetzt Zeit zu zeigen, was er ist: Er ist, sagen wir, ein Seiendes[6], von dem alles ausgesagt wird, d. h. unendlich viele Attribute, von denen jedes in seiner Gattung unendlich vollkommen ist.

[5] Die Ursache solcher Veränderungen muß von außen kommen oder in ihm selbst sein. Von außen nicht, denn keine Substanz, die wie diese durch sich selbst existiert, hängt von etwas außerhalb ihrer ab, ist also keiner Veränderung von dort unterworfen. In ihm auch nicht, denn kein Ding, geschweige denn dieses hier, will seine eigene Vernichtung; alle Vernichtung kommt von außen.

[6] Der Grund ist, daß, weil das Nichts kein Attribut haben kann, das All alle Attribute haben muß; und wie das Nichts kein Attribut hat, weil es Nichts ist, so hat ein Etwas Attribute, weil es Etwas ist.

[2] Um diese These klar zum Ausdruck zu bringen, müssen wir die vier folgenden Sätze vorausschicken: 1. Es existiert keine begrenzte Substanz[7]; vielmehr muß jede Substanz in ihrer

Also, je mehr es etwas ist, um so mehr Attribute muß es haben, und demzufolge muß Gott, der etwas ist und als ein Etwas der Vollkommenste, der Unendliche und der Allesseiende, auch die unendlichen und vollkommenen Attribute in ihrer Gesamtheit haben.

[7] Können wir nun beweisen, daß keine begrenzte Substanz existieren kann, dann muß alles, was Substanz ist, uneingeschränkt zum göttlichen Sein gehören. Diesen Beweis führen wir so: 1. Entweder muß sie sich selbst begrenzt haben, oder es muß eine andere sie begrenzt haben. Sie kann sich nicht selbst begrenzt haben, denn da sie unbegrenzt gewesen ist, müßte sie ihre Essenz ganz verändert haben. Von einer anderen ist sie auch nicht begrenzt, denn diese müßte entweder begrenzt oder unbegrenzt sein; das erste [begrenzt sein] ist nicht der Fall, dann aber das zweite [unbegrenzt sein], also ist sie Gott. Also müßte er sich begrenzt haben, entweder weil es ihm an Macht oder weil es ihm an Willen fehlte; doch ist das erste gegen die Allmacht, das zweite gegen die Güte. – 2. Daß es keine begrenzte Substanz geben kann, ist daraus klar, daß sie dann etwas haben müßte, was sie vom Nichts hätte, was unmöglich ist. In der Tat, woher sollte sie das, worin sie von Gott verschieden ist, haben? Jedenfalls nicht von Gott, denn dieser hat nichts Unvollkommenes oder Begrenztes, usw. Woher also, wenn nicht vom Nichts? Also: keine Substanz, wenn nicht unbegrenzt.

Daraus folgt, daß es nicht zwei gleiche unbegrenzte Substanzen gibt, denn dann gibt es notwendigerweise Begrenzung.

Hieraus folgt außerdem, daß eine Substanz nicht eine andere hervorbringen kann; denn die Ursache, die diese Substanz hervorbringen würde, muß dasselbe Attribut haben wie die von ihr hervorgebrachte und auch genau soviel oder mehr oder weniger an Vollkommenheit. Das erste nicht, denn dann wären die beiden gleich. Das zweite nicht, denn dann wäre eine begrenzt. Das dritte nicht, weil aus nichts auch nichts kommt. Ferner, wenn aus dem Unbegrenzten das Begrenzte käme, wäre das Unbegrenzte auch begrenzt, usw. Also kann eine Substanz nicht eine andere hervorbringen.

Hieraus folgt dann weiter, daß jede Substanz an sich existieren muß, denn wenn sie nicht existierte, wäre es unmöglich, daß sie zur Existenz kommen könnte.

Gattung unendlich vollkommen sein, denn im unendlichen Verstand Gottes kann keine Substanz vollkommener sein als die, die schon in der Natur existiert. – 2. Es gibt auch nicht zwei gleiche Substanzen. – 3. Eine Substanz kann nicht eine andere hervorbringen. – 4. Im unendlichen Verstand Gottes gibt es keine Substanz außer der, die an sich in der Natur existiert.

[3] Was den ersten Satz betrifft, daß keine begrenzte Substanz existiert, usw.: Wollte jemand das Gegenteil behaupten, fragen wir ihn, ob diese Substanz sich dann durch sich selbst begrenzt hat, d.h. ob sie sich durch sich selbst begrenzt und nicht unbegrenzt hat machen wollen; oder aber, wenn sie so durch ihre Ursache ist, ob diese Ursache ihr nicht mehr hat geben können oder nicht mehr hat geben wollen?

[4] Die erste Annahme ist falsch, weil es nicht möglich ist, daß eine Substanz sich selbst hätte begrenzen wollen, wenn es sich um eine Substanz handelt, die durch sich selbst existierend ist. Also, sage ich, ist sie durch ihre Ursache begrenzt, die notwendigerweise Gott ist.

[5] Ferner, wenn sie also durch ihre Ursache begrenzt ist, muß das so sein, weil die Ursache entweder nicht mehr hat geben können oder nicht mehr hat geben wollen. Daß er (Gott) nicht mehr hätte geben können, würde seiner Allmacht widerstreiten.[8] Daß er nicht mehr hätte geben wollen, obwohl er

[8] Hierauf zu sagen, daß die Natur des Dinges solches fordert und es deshalb nicht anders sein könne, heißt nichts sagen; denn die Natur eines Dinges kann nichts fordern, wenn das Ding nicht existiert. Sagt ihr, daß man dennoch sehen könne, was zur Natur eines Dinges, das nicht existiert, gehört, so ist das gewiß wahr hinsichtlich der Existenz, aber keinesfalls hinsichtlich der Essenz. Hierin besteht der Unterschied zwischen erschaffen und erzeugen. Erschaffen bedeutet, daß ein Ding nach Essenz und Existenz zugleich gesetzt wird, erzeugen hingegen, daß es nur seiner Existenz nach entsteht. Deshalb gibt es innerhalb der Natur keine Schöpfung, sondern allein Erzeugung. Wenn also Gott erschafft, dann erschafft er die Natur des Dinges zusammen mit dem Ding. Und so wäre es Mißgunst, wenn er (zwar könnend, aber nicht wollend) das Ding so erschaffen hätte, daß es

es durchaus konnte, schmeckt nach Mißgunst, die es in einem Gott, der voller Güte ist, keinesfalls gibt.

[6] Den zweiten Satz, daß es nicht zwei gleiche Substanzen gibt, beweisen wir daraus, daß jede Substanz in ihrer Gattung unendlich ist; denn gäbe es zwei gleiche, müßte notwendigerweise die eine die andere begrenzen und könnte folglich nicht unendlich sein, wie wir schon zuvor bewiesen haben.

[7] Was den dritten Satz betrifft, daß eine Substanz nicht eine andere hervorbringen kann: Wenn wiederum jemand das Gegenteil behaupten wollte, fragen wir, ob die Ursache, die diese Substanz hervorbringen müßte, dieselben Attribute hat wie das Hervorgebrachte oder nicht?

[8] Die zweite Annahme ist falsch, denn aus dem Nichts kann nicht etwas hervorgehen; also die erste. Und dann fragen wir weiter, ob in dem Attribut, das die Ursache des Hervorgebrachten wäre, genau soviel Vollkommenheit ist oder weniger oder mehr als in dem Hervorgebrachten? Weniger kann, sagen wir, aus dem vorher angeführten Grund nicht darin sein. Mehr, sagen wir, auch nicht, weil dann das andere begrenzt wäre, was dem soeben Bewiesenen widerspricht. Also genau soviel. Folglich wären sie gleich, also zwei gleiche Substanzen, was offensichtlich unserem vorigen Beweis widerspricht.

[9] Ferner, was erschaffen ist, geht keinesfalls aus dem Nichts hervor, sondern muß notwendigerweise von etwas erschaffen sein, was der Essenz nach existiert. Daß aber aus ihm etwas hervorgehen müßte, dessen es nicht beraubt wäre, nachdem es aus ihm hervorgegangen ist, das ist mit unserem Verstand nicht zu begreifen.

[10] Wollten wir schließlich von dieser Substanz, die das Prinzip der aus ihrem Attribut hervorgehenden Dinge ist, die Ursache suchen, müßten wir wiederum die Ursache dieser Ursache

der Essenz wie Existenz nach seiner Ursache nicht entspräche. Was wir hier erschaffen nennen, kann im eigentlichen Sinne aber nicht von dem in der Zeit Geschehenden gesagt werden; es soll nur zeigen, was sich bei einer Unterscheidung zwischen erschaffen und erzeugen dazu sagen läßt.

suchen und dann wieder die Ursache dieser Ursache und so ins Unendliche. Wenn wir deshalb zwangsläufig irgendwo stehen bleiben und haltmachen müssen, dann notwendigerweise bei dieser einzigen Substanz.

[11] Was den vierten Satz betrifft, daß es im unendlichen Verstand Gottes keine Substanz gibt oder keine Attribute außer denen, die an sich in der Natur existieren, das können wir beweisen und beweisen es 1. aus der unendlichen Macht Gottes, weil es in ihm keine Ursache geben kann, durch die er hätte bewogen werden können, eine [Substanz] eher oder bevorzugt als die andere zu erschaffen; 2. aus der Einfachheit seines Willens; 3. daraus, daß er nicht unterlassen kann zu tun, was gut ist, wie wir später beweisen werden; 4. weil was jetzt nicht existiert, unmöglich zur Existenz gelangen könnte, da eine Substanz nicht eine andere hervorbringen kann. Und was mehr ist, dergestalt würde es unendlich mehr nicht existierende Substanzen geben als existierende, was ungereimt ist.

[12] Aus alldem folgt, daß von der Natur uneingeschränkt alles ausgesagt werden kann und die Natur folglich aus unendlich vielen Attributen besteht, deren jedes in seiner Gattung vollkommen ist. Das stimmt durchaus überein mit der üblichen Definition Gottes.

[13] Gegen das von uns Gesagte, daß kein Ding im unendlichen Verstand Gottes ist, ohne in Wirklichkeit in der Natur zu existieren, wollen einige wie folgt argumentieren: Wenn Gott schon alles erschaffen hat, kann er nicht noch mehr erschaffen; aber daß er nicht mehr erschaffen könnte, widerspricht seiner Allmacht; also ... *

[14] Den Obersatz, daß Gott nicht mehr erschaffen kann, gestehen wir zu. Und hinsichtlich des Untersatzes räumen wir ausdrücklich ein, daß es Gottes Allmacht widersprechen würde, wenn Gott nicht alles erschaffen konnte, was erschaffbar ist, aber keineswegs, wenn er nicht erschaffen konnte, was in sich selbst widersprüchlich ist, wenn man also sagt, daß er alles erschaffen habe und doch noch mehr erschaffen könnte. Und sicher ist es eine viel größere Vollkommenheit in Gott, alles erschaffen zu haben, was in seinem unendlichen Verstand war,

als es nicht erschaffen zu haben oder niemals, wie sie sagen, hätte erschaffen können.

[15] Doch warum darüber so viele Worte verlieren? Argumentieren sie selbst nicht so[9] oder müssen sie nicht so argumentieren: Wenn Gott allwissend ist, kann er nicht mehr wissen; daß aber Gott nicht mehr wissen kann, widerspricht seiner Vollkommenheit; also ...? Doch wenn Gott alles in seinem Verstand hat und aufgrund seiner unendlichen Vollkommenheit nicht noch mehr wissen kann, warum können wir dann nicht auch sagen, daß er alles, was er in seinem Verstand hatte, hervorgebracht hat, also bewirkt hat, daß es in Wirklichkeit in der Natur existiert oder existieren muß?

[16] Da wir also jetzt wissen, daß alles auf einmal im unendlichen Verstand Gottes ist und es keine Ursache gibt, warum er dieses eher oder bevorzugt als jenes erschaffen hätte, weil er alles in einem Augenblick hervorgebracht haben konnte, wollen wir einmal sehen, ob wir nicht gegen sie dieselben Waffen wie sie gegen uns gebrauchen können, nämlich wie folgt: Wenn Gott niemals so viel erschaffen kann, daß er nicht noch mehr erschaffen könnte, dann kann er niemals erschaffen, was er erschaffen kann; daß er aber nicht erschaffen könnte, was er erschaffen kann, ist in sich selbst widerspruchsvoll; also ...

[17] Die Gründe, derentwegen wir gesagt haben, daß all diese Attribute, die in der Natur sind, bloß ein einziges Seiendes ausmachen und keineswegs verschiedene (etwa weil wir das eine ohne das andere und das andere ohne das erste klar und deutlich erkennen können), sind folgende:

1. weil wir schon gefunden haben, daß ein unendliches und vollkommenes Seiendes existieren muß, unter dem nichts anderes verstanden werden kann als ein Seiendes, von dem uneingeschränkt alles ausgesagt werden muß. Denn einem Seienden von einiger Essenz muß man Attribute zuschreiben, und um so mehr Attribute, je mehr man ihm Essenz zu-

[9] D.h.: Wenn wir sie aus diesem Zugeständnis, daß Gott allwissend ist, argumentieren lassen, dann können sie nicht anders als so argumentieren.

schreibt, so daß, wenn es unendlich ist, auch seine Attribute unendlich sein müssen, und genau das ist es, was wir ein vollkommenes Seiendes nennen.

2. wegen der Einheit, die wir allenthalben in der Natur sehen. Gäbe es in ihr[10] mehrere total verschiedene Entitäten, könnte sich das eine unmöglich mit dem anderen vereinigen.

3. weil, wie wir schon gesehen haben, eine Substanz nicht die andere hervorbringen kann und es auch unmöglich ist, daß eine nicht existierende Substanz anfinge zu existieren. Wir sehen aber auch, daß in keiner als getrennt verstandenen Substanz (von der wir gleichwohl wissen, daß sie in der Natur existiert), eine Notwendigkeit liegt, tatsächlich zu existieren, da ja zu ihrer besonderen Essenz nicht Existenz gehört.[11] Daraus ergibt sich zwangsläufig, daß die Natur, die aus keiner [äußeren] Ursache hervorgeht und von der wir dennoch wissen, daß sie existiert, notwendigerweise ein vollkommenes Seiendes sein muß, zu dem Existenz gehört.

[10] D.h.: Gäbe es verschiedene Substanzen ohne Bezug auf ein einziges Seiendes, wäre die Vereinigung unmöglich, weil wir klar sehen, daß sie dann überhaupt nichts miteinander gemein haben, wie Denken und Ausdehnung, die es indessen sind, woraus wir bestehen.

[11] D.h.: Wenn keine Substanz anders als existierend sein kann und gleichwohl aus ihrer getrennt betrachteten Essenz nicht Existenz folgt, heißt das, daß sie nichts Separates sein kann, sondern etwas sein muß, das Attribut eines anderen ist, nämlich des Einen, Alleinigen und alles Seienden. Oder folgendermaßen: Wenn jede Substanz existierend ist, aus der Essenz einer durch sich selbst begriffenen Substanz aber nicht Existenz folgt, dann kann keine existierende Substanz durch sich selbst begriffen werden, sondern muß zu etwas anderem gehören. D.h., wenn wir Denken und Ausdehnung den Charakter, Substanzen zu sein, zusprechen, verstehen wir sie allein in ihrer Essenz und nicht in ihrer Existenz, und damit nicht, daß ihre Existenz notwendigerweise zu ihrer Essenz gehört. Doch wenn wir beweisen, daß eine Substanz ein Attribut Gottes ist, beweisen wir damit a priori, daß sie existiert; und a posteriori (allein hinsichtlich Ausdehnung) beweisen wir es über die Modi, die dieses Attribut notwendigerweise zu ihrem subjectum haben müssen.

[18] Aus allem bisher Gesagten ist deutlich, daß wir behaupten, * Ausdehnung sei ein Attribut Gottes, was nun gar nicht mit einem vollkommenen Seienden verträglich zu sein scheint. In der Tat, weil, so sieht es aus, Ausdehnung teilbar ist, bestünde das vollkommene Seiende aus Teilen, was zu Gott keinesfalls paßt, weil er ein einfaches Seiendes ist. Wenn Ausdehnung teilbar ist, wäre sie zudem leidend, was überhaupt nicht auf Gott zutreffen kann, der ohne Leiden ist und nichts von anderem erleiden kann, weil er erste Wirkursache von allem ist.

[19] Darauf antworten wir: 1. Teil und Ganzes sind nicht wahre oder tatsächliche Entitäten, sondern bloße Gedankendinge, und folglich gibt es in der Natur[12] weder Ganzes noch Teil. 2. Ein Ding, das aus verschiedenen Teilen zusammengesetzt ist, muß so beschaffen sein, daß seine Teile, für sich genommen, unabhängig voneinander gedacht und erkannt werden

[12] In der Natur, d.h. in substantieller Ausdehnung; denn bei Teilung würde zugleich ihre Natur oder Essenz vernichtet, da diese allein in unendlicher Ausdehnung besteht oder, was dasselbe ist, darin, ein Ganzes zu sein. Aber, wirst du sagen, gibt es in der Ausdehnung nicht Teile vor allen Modi? Keineswegs, sage ich. Aber, sagst du, wenn Bewegung in der Materie ist, muß sie doch in einem Teil der Materie sein und nicht im Ganzen, weil das Ganze unendlich ist. Denn wohin sollte sie bewegt werden? Außerhalb ihrer ist nichts; also in einem Teil. Antwort: Dort gibt es nicht nur Bewegung, sondern Bewegung und Ruhe zusammen; und dieses Paar ist im Ganzen und muß dort sein, denn in Ausdehnung gibt es keinen Teil. Wenn du aber bei deiner Behauptung [von Teilen in der Ausdehnung] bleibst, so sage mir doch: Wenn du Ausdehnung insgesamt teilst, kannst du dann den Teil, den du mit deinem Verstand von ihr abtrennst, auch von allen Teilen in deren Natur abtrennen? Dies zugestanden, frage ich: Was liegt zwischen dem abgetrennten Teil und dem Rest? Du mußt antworten: entweder ein Leeres oder ein anderer Körper oder etwas von Ausdehnung selbst. Ein viertes gibt es nicht. Das erste ist nicht, denn es gibt nichts Leeres, das positiv und doch kein Körper wäre; das zweite ist auch nicht, denn dann existierte ein Modus, der nicht existieren kann, weil Ausdehnung als Ausdehnung ohne und vor allen Modi existiert. Folglich das dritte, und demnach gibt es nur Ausdehnung insgesamt und keinen Teil in ihr.

können. Bei einem Uhrwerk zum Beispiel, das aus vielen verschiedenen Rädern und Schnüren und anderem zusammengesetzt ist, kann, sage ich, jedes Rad, jede Schnur usw. für sich gedacht und erkannt werden, ohne daß dafür das so zusammengesetzte Ganze erforderlich wäre. Ebenso ist es mit dem Wasser, das aus geraden länglichen Teilchen besteht; auch hier kann jeder Teil für sich gedacht und erkannt werden und ohne das Ganze bestehen. Von Ausdehnung als Substanz hingegen kann man nicht sagen, daß sie Teile hat, angesichts dessen, daß sie weder kleiner noch größer werden kann und kein Teil von ihr für sich gedacht werden könnte, weil sie ihrer Natur nach unendlich sein muß. Und sie muß derart sein, weil anders, wenn sie also aus Teilen bestünde, sie ihrer Natur nach keinesfalls unendlich wäre, wie wir von ihr gesagt haben. In einer unendlichen Natur können also unmöglich Teile gedacht werden; denn alles, was Teil ist, ist seiner Natur nach endlich.

[20] Hinzu kommt noch: Bestünde sie aus verschiedenen Teilen, könnte man denken, daß, bei Vernichtung einiger Teile, die Ausdehnung trotz allem bestehenbliebe und durch eine solche Vernichtung nicht vernichtet wird, und das ist bei einer Entität, die durch ihre eigene Natur unendlich ist und als begrenzt oder endlich weder sein noch begriffen werden kann, offensichtlich widersprüchlich.

[21] Im übrigen sagen wir zu den Teilen in der Natur noch, daß Teilung, wie schon gesagt, niemals in der Substanz auftreten kann, sondern immer in den Modi der Substanz und nur dort auftritt. Will ich Wasser teilen, teile ich nur einen Modus der Substanz und nicht die Substanz selbst, welche, hier vom Wasser, dort von etwas anderem modifiziert, immer dieselbe ist.

[22] Teilung oder Leiden geschieht also immer in einem Modus. Wenn wir beispielsweise sagen, der Mensch vergehe oder werde vernichtet, gilt das nur für den Menschen, sofern er zusammengesetzt ist und ein Modus der Substanz, nicht aber für die Substanz selbst, von der er abhängt.

[23] Zum anderen haben wir schon festgestellt und sagen es auch hier wieder, daß es außerhalb von Gott nichts gibt und er

eine immanente Ursache ist. Demgegenüber ist das Leiden, bei dem Handelnder und Leidender unterschieden sind, eine handgreifliche Unvollkommenheit, weil der Leidende notwendigerweise von dem abhängt, was von außen in ihm das Leiden verursacht hat; so etwas hat in Gott, der vollkommen ist, keinen Platz.

[24] Ferner kann man von einem Handelnden, der in sich selbst handelt, auf keinen Fall sagen, er habe die Unvollkommenheit eines Leidenden, da er ja nicht von einem anderen etwas erleidet, wie etwa der Verstand, der, wie auch die Philosophen sagen, Ursache seiner Begriffe ist; unter der Voraussetzung aber, daß der Handelnde eine immanente Ursache ist, wer wagte dann zu sagen, daß er unvollkommen ist, etwa so, daß es von ihm selbst kommt, daß er leidet?

[25] Schließlich kann die Substanz, weil sie das Prinzip all ihrer Modi ist, mit viel größerem Recht eine tätige als eine leidende * Instanz genannt werden. Mit diesen Darlegungen halten wir alles für hinreichend beantwortet.

[26] Es gibt aber noch einen weiteren Einwand: Es müsse notwendigerweise eine erste Ursache geben, die diesen bestimmten Körper in Bewegung setzt, der, wenn er in Ruhe ist, sich unmöglich von selbst bewegen könne. Und da es in der Natur offensichtlich Ruhe und Bewegung gibt, müßten die entsprechenden Vorgänge, meinen sie, notwendigerweise von einer äußeren Ursache herkommen.

[27] Darauf zu antworten fällt uns leicht; denn wir geben zu, wenn der Körper ein durch sich selbst bestehendes Ding wäre und weiter keine Eigenschaft hätte, als lang, breit und tief zu sein, daß es dann keine Ursache in ihm gibt, sich in Bewegung zu setzen, wenn er gerade in Ruhe ist. Aber wir haben vorhin festgestellt, daß die Natur ein Seiendes ist, von dem alle Attribute ausgesagt werden, und da dem so ist, kann ihr nichts fehlen, um alles hervorzubringen, was hervorzubringen ist.

[28] Nachdem wir bis jetzt davon gesprochen haben, was Gott ist, wollen wir von seinen Attributen bloß so viel sagen, daß uns nur zwei bekannt sind, nämlich Denken und Ausdehnung. * Denn hier sprechen wir nur von Attributen, die man seine ei-

gentlichen Attribute nennen könnte, solche, die uns ihn als in sich selbst seiend und in sich selbst handelnd erkennen lassen.

[29] Alles, was die Menschen außer diesen beiden Attributen Gott noch zuschreiben, wird (sofern es überhaupt irgendwie zu ihm gehört) entweder eine äußerliche Benennung sein müssen, etwa durch sich selbst existierend, ewig, einzig, unveränderlich usw. zu sein, oder ein Merkmal im Hinblick auf seine Handlungen, etwa daß er alle Dinge verursacht, vorherbestimmt und lenkt, alles Prädikate, die Gott zwar eigentümlich sind, uns aber nicht erkennen lassen, was er ist.

[30] Wie und in welcher Weise solche Eigenschaften Gott zukommen können, werden wir indessen in den folgenden Kapiteln sagen. Aber zum besseren Verständnis und zur näheren Erklärung des Bisherigen haben wir es für zweckdienlich gehalten, die folgenden Erwägungen hier anzufügen, bestehend in einem

Dialog *
zwischen Verstand, Liebe, Vernunft und Sinnlichkeit *

[1] LIEBE: Ich sehe, Bruder, daß mein Sein und meine Vollkommenheit ganz und gar von deiner Vollkommenheit abhängt; und da die Vollkommenheit des von dir begriffenen Objekts es ist, die deine Vollkommenheit ausmacht, und aus deiner wiederum meine hervorgeht, so sag' mir doch bitte, ob du ein Seiendes von solcher Qualität begriffen hast, daß es, weil es nicht durch etwas anderes begrenzt sein kann, höchstvollkommen ist und in dem auch ich einbegriffen bin?

[2] VERSTAND: Ich für meinen Teil betrachte die Natur ausschließlich in ihrer Gesamtheit, als unendlich und höchstvollkommen, und du, wenn du daran zweifelst, frage die Vernunft, die es dir sagen wird.

[3] VERNUNFT: Eine solche Sichtweise ist für mich unzweifelhaft wahr, denn wollten wir die Natur begrenzen, werden wir sie, was ungereimt ist, durch ein Nichts begrenzen müssen und das trotz folgender Attribute: daß sie eine ist, ewig, durch sich selbst [existierend], unendlich. Diesem Widersinn entgehen wir, wenn wir annehmen, daß sie eine ewige Einheit, unendlich, allmächtig usw. ist, d.h. die unendliche Natur mit allem,

was ist, einbegriffen in ihr; und die Negation davon nennen wir das Nichts.

[4] SINNLICHKEIT: Wie wunderbar, da kommt die Einheit mit der Verschiedenheit, die ich allenthalben in der Natur erblicke, überein! Aber wie? ich sehe, daß die denkende Substanz nichts gemein hat mit der ausgedehnten Substanz und die eine die andere begrenzt.

[5] Und wenn du außer diesen beiden Substanzen noch eine dritte annehmen willst, die in jeder Hinsicht vollkommen ist, verstrickst du dich selbst in offenbare Widersprüche. Denn wird diese dritte Substanz außerhalb der beiden ersten angenommen, fehlen ihr all die Attribute, die den beiden anderen eigen sind, was doch für ein Ganzes, außerhalb dessen kein Ding existiert, nicht zutreffen kann.

[6] Wenn überdies dieses Seiende allmächtig und vollkommen ist, dann deshalb, weil es sich selbst und nicht auch ein anderes verursacht hat, und doch müßte allmächtiger derjenige sein, der sich selbst und darüber hinaus noch ein anderes hervorbringen könnte.

[7] Und endlich, wenn du es allwissend nennst, ist es notwendig, daß es sich selbst erkennt, und zugleich mußt du einsehen, daß die Erkenntnis bloß seiner selbst weniger ist als die Erkenntnis seiner selbst zusammen mit der Erkenntnis der anderen Substanzen. All das sind offenbare Widersprüche. Darum möchte ich der Liebe geraten haben, sich mit dem zufrieden zu geben, was ich ihr zeige, und sich nicht nach anderen Dingen umzuschauen.

[8] LIEBE: Was hast du Schändliche mir anderes gezeigt als das, dem gerade mein Verderben entspringt. Denn hätte ich mich jemals mit dem vereinigt, was du mir aufgezeigt hast, hätten mich gleich zwei Hauptfeinde des Menschengeschlechts verfolgt, Haß und Reue und manchmal auch Nachlässigkeit, und deshalb wende ich mich wieder zur Vernunft, damit sie fortfahre und den genannten Feinden den Mund stopfe.

[9] VERNUNFT: Was du, o Sinnlichkeit, zu sehen behauptest, verschiedene Substanzen, ist, sage ich, falsch, denn ich sehe klar, daß es nur ein Einziges gibt, das durch sich selbst existiert

und das Substrat aller anderen Eigenschaften ist. Wenn du das * Körperliche und das Intellektuelle im Hinblick auf die Modi, die davon abhängen, Substanzen nennen willst, gut so, aber du müßtest sie dann auch Modi nennen im Hinblick auf die Substanz, von der sie abhängen, da du sie ja nicht als durch sich selbst existierend verstehst. So wie Wollen, Fühlen, Erkennen, Lieben usw. verschiedene Modi dessen sind, was du eine denkende Substanz nennst, Modi, die du alle auf eine Einheit zurückführst und aus denen du eine Einheit machst, so schließe auch ich, gestützt auf deinen eigenen Beweis, daß unendliche Ausdehnung und unendliches Denken wie auch die anderen unendlichen Attribute (in deinem Stil: Substanzen) nichts anderes sind als Modi des einzigen, ewigen, unendlichen, durch sich selbst existierenden Seienden, und aus alldem machen wir, wie gesagt, ein Einziges oder eine Einheit, außerhalb von der sich kein Ding vorstellen läßt.

[10] SINNLICHKEIT: In deiner Art zu sprechen scheint mir eine sehr große Verwirrung zu liegen; denn offenbar willst du, daß das Ganze außerhalb seiner Teile oder ohne sie ist, was fürwahr ungereimt ist. Alle Philosophen sagen in der Tat einhellig, daß das Ganze ein zweiter Begriff ist und außerhalb des menschlichen Begriffs nicht wirklich in der Natur existiert.

[11] Wie ich überdies deinem Beispiel entnehme, vermengst du Ganzes und Ursache. Denn mir zufolge besteht das Ganze einzig aus seinen Teilen oder durch seine Teile, während du die denkende Kraft als ein Ding vorstellst, von dem der Verstand, die Liebe usw. abhängen. Du kannst sie daher nicht ein Ganzes nennen, sondern allein eine Ursache, nämlich der Wirkungen, die du soeben aufgezählt hast.

[12] VERNUNFT: Ich sehe schon, wie du gegen mich alle deine Verbündeten zusammenrufst und was du mit deinen falschen Argumenten nicht hast bewirken können, suchst du jetzt mit der Doppeldeutigkeit der Worte zu erreichen, wie es gewöhnlich diejenigen tun, die sich gegen die Wahrheit sträuben. Aber es wird dir nicht gelingen, mit diesem Mittel die Liebe auf deine Seite zu ziehen. Du sagst also, daß die Ursache als Verursacherin von Wirkungen aufgrund dieses Tatbestandes außerhalb

der Wirkungen sein müsse. Das sagst du aber, weil du bloß die übergehende Ursache kennst und nicht die immanente, die keineswegs etwas außerhalb ihrer selbst hervorbringt.* Beispielsweise ist der Verstand Ursache seiner Begriffe; und deshalb (insoweit oder insofern er in Relation zu seinen Begriffen steht) nenne ich ihn eine Ursache, und, noch einmal, insofern er in seinen Begriffen besteht, ein Ganzes. Ebenso ist auch Gott in Relation zu seinen Wirkungen oder Geschöpfen eine Ursache, aber ausschließlich eine immanente, und, im Sinn der zweiten Bemerkung, auch ein Ganzes.

ZWEITER DIALOG, teilweise zum Vorangegangenen, teilweise zum folgenden zweiten Teil gehörend, zwischen ERASMUS und THEOPHILUS

[1] ERASMUS: Ich habe dich, Theophilus, sagen hören, daß Gott Ursache aller Dinge ist, und zugleich, daß er keine andere Ursache sein kann als eine immanente. Wenn er denn eine immanente Ursache aller Dinge ist, wie kannst du ihn dann immer noch entfernte Ursache nennen? Das ist bei einer immanenten Ursache doch unmöglich.

[2] THEOPHILUS: Wenn ich gesagt habe, Gott sei eine entfernte Ursache, so ist das von mir nur im Hinblick auf die Dinge gesagt, die nicht unmittelbar von ihm abhängen, und nicht im Hinblick auf die Dinge, die Gott (allein kraft seiner Essenz) unmittelbar hervorgebracht hat; keineswegs habe ich ihn jedoch schlechthin eine entfernte Ursache genannt, wie du aus meinen Worten auch klar hättest entnehmen können, habe ich doch gesagt, daß wir ihn in gewisser Weise eine entfernte Ursache nennen können.

[3] ERASMUS: Was du mir sagen willst, verstehe ich jetzt genügend; aber ich bemerke, daß du auch gesagt hast, die Wirkung der immanenten Ursache bleibe in der Weise mit ihrer Ursache vereinigt, daß sie mit ihr ein Ganzes bildet. Dann kann aber, scheint mir, Gott nicht immanente Ursache sein. Denn wenn er und das von ihm Hervorgebrachte ein Ganzes bilden, dann schreibst du Gott in einem Zeitpunkt mehr

Essenz zu als in einem anderen. Behebe mir bitte diesen Zweifel.

[4] THEOPHILUS: Um aus dieser Verwirrung herauszukommen, Erasmus, beachte bitte, was ich dir jetzt sagen werde. Die Essenz eines Dinges nimmt durch die Vereinigung mit einem anderen Ding, mit dem sie ein Ganzes bildet, nicht zu, sondern bleibt im Gegenteil unverändert.

[5] Ich will dir, damit du mich besser verstehst, ein Beispiel geben. Ein Bildhauer, der aus Holz verschiedene Formen gemacht hat, die den verschiedenen Teilen eines menschlichen Körpers gleichen, nimmt eine von ihnen, die die Form einer menschlichen Brust hat, fügt sie zusammen mit einer anderen, die die Form eines menschlichen Kopfes hat, und macht aus diesen beiden ein Ganzes, das den Oberteil eines menschlichen Körpers darstellt. Wirst du deshalb sagen, die Essenz des Kopfes habe zugenommen, weil sie mit der Brust vereinigt wurde? Das wäre falsch, denn sie ist dieselbe, die sie vorher war.

[6] Zur größeren Klarheit will ich dir ein anderes Beispiel geben. * Ich habe eine Idee von einem Dreieck und eine andere, die durch die Verlängerung eines der Winkel entsteht, welcher Winkel notwendigerweise den zwei gegenüberliegenden inneren Winkeln gleich ist, usw. Diese beiden Ideen haben, sage ich, eine neue Idee hervorgebracht, nämlich die, daß die drei Winkel des Dreiecks zwei rechten gleich sind. Diese Idee ist mit der ersten in der Weise vereinigt, daß sie ohne sie weder sein noch begriffen werden könnte.

[7] (Und aus allen Ideen, die ein jeder hat, machen wir ein Ganzes oder – was dasselbe ist – ein Gedankending, das wir Verstand nennen.) Jetzt siehst du, daß, obwohl diese neue Idee sich mit der vorangehenden vereinigt, die Essenz der vorangehenden keiner Veränderung unterliegt, sondern im Gegenteil völlig unverändert bleibt. Dasselbe kannst du auch bei jeder Idee sehen, die in sich Liebe hervorbringt: Die so hervorgebrachte Liebe läßt in keiner Weise die Essenz der Idee größer werden.

[8] Aber warum so viele Beispiele häufen, da du es ja selbst in dem soeben angeführten Beispiel klar sehen kannst? Ich habe

deutlich gesagt, daß alle Attribute, die von keiner anderen Ursache abhängen und zu deren Definition keine Gattung erforderlich ist, zur Essenz Gottes gehören. Und weil die erschaffenen Dinge nicht die Macht haben, ein Attribut zu konstituieren, vermehrt ihr Erschaffensein nicht die Essenz Gottes, wie eng sie sich auch mit ihm vereinigen mögen.

[9] Nimm noch hinzu, daß das Ganze nur ein Gedankending ist und sich vom Allgemeinen allein darin unterscheidet, daß das Allgemeine aus verschiedenen nicht vereinigten Individuen, das Ganze aber aus verschiedenen vereinigten Individuen konstituiert ist, und auch, daß das Allgemeine nur Teile derselben Gattung umfaßt, das Ganze aber Teile derselben und auch einer anderen Gattung.

[10] ERASMUS: In diesem Punkt hast du mir Genüge getan. Aber außerdem hast du gesagt, daß die Wirkung der innerlichen Ursache nicht vergehen könne, solange ihre Ursache andauert. Ich sehe zwar, daß das sicherlich wahr ist. Aber wenn dem so ist, wie kann dann Gott noch eine innerliche Ursache aller Dinge sein, da doch viele Dinge zugrunde gehen? Du wirst gemäß deiner vorigen Unterscheidung sagen, Gott sei im eigentlichen Sinne Ursache von Wirkungen, die er unmittelbar ohne andere Umstände bloß kraft seiner Attribute hervorgebracht hat, und diese könnten, solange ihre Ursache andauert, nicht zugrunde gehen. Du nanntest Gott aber auch innerliche Ursache von Wirkungen, deren Existenz nicht unmittelbar von ihm abhängt, die vielmehr von irgendeinem anderen Ding herkommen, und dies bloß deshalb, weil deren Ursachen ohne Gott oder außerhalb von Gott weder wirksam sind noch wirksam sein können, die aber, weil nicht unmittelbar von Gott hervorgebracht, zugrunde gehen können.

[11] Aber das befriedigt mich nicht. Denn ich sehe, daß du die Unsterblichkeit des menschlichen Verstandes daraus folgerst, daß er eine Wirkung ist, die Gott in sich selbst hervorgebracht hat. Und um einen so beschaffenen Verstand hervorzubringen, sei unmöglich mehr erforderlich als die bloßen Attribute Gottes. Denn um ein Seiendes von solch einer außerordentlichen Vollkommenheit zu sein, muß er ja wohl auch wie alle anderen

Dinge, die unmittelbar von Gott abhängen, von Ewigkeit her erschaffen sein. Wenn ich mich nicht irre, habe ich dich dies sagen hören. Und wenn es so ist, wie wirst du das ins Reine bringen, ohne Schwierigkeiten übrig zu lassen?

[12] THEOPHILUS: Es ist wahr, Erasmus, daß die Dinge, die zu ihrer Existenz nichts anderes brauchen als die Attribute Gottes, unmittelbar von ihm von Ewigkeit her erschaffen sind. Aber es ist zu beachten, daß für die Existenz eines Dinges zwar eine besondere Modifikation, also etwas über die Attribute Gottes hinaus, unabdingbar ist, Gott aber deshalb nicht aufhört, ein Ding unmittelbar hervorbringen zu können. Denn von den notwendigen Dingen, die erforderlich sind, um ein Ding existieren zu lassen, sind einige notwendig, um das Ding [tatsächlich] hervorzubringen, und andere, um es hervorbringen zu können. Wenn ich zum Beispiel Licht in einem bestimmten Zimmer haben will, zünde ich es an, und das erhellt durch sich selbst das Zimmer, oder ich öffne ein Fenster, dessen Öffnen zwar nicht selber das Licht macht, aber doch zuwege bringt, daß es ins Zimmer kommen kann. Ebenso ist zur Bewegung eines Körpers ein anderer Körper erforderlich, der selber alle Bewegung haben muß, die von ihm auf den anderen Körper übergeht. Aber um in uns eine Idee von Gott hervorzubringen, ist kein anderes besonderes Ding erforderlich, das das, was in uns hervorgebracht wird, selber haben müßte. Erforderlich ist allein, daß es in der Natur einen Körper gibt, der so beschaffen ist, daß seine Idee Gott notwendigerweise unmittelbar repräsentiert. Das hättest du meinen Worten auch entnehmen können; denn Gott, habe ich gesagt, wird allein durch sich selbst und nicht durch etwas anderes erkannt. *

[13] Doch das sage ich dir: Solange wir von Gott nicht eine so klare Idee haben, die uns mit ihm derart vereinigt, daß sie nicht zuläßt, irgend etwas außerhalb von ihm zu lieben, so lange können wir nicht sagen, in Wahrheit mit Gott vereinigt zu sein, also unmittelbar von ihm abzuhängen. Was du etwa noch zu fragen hast, laß für ein andermal; jetzt nötigt mich der Augenblick zu etwas anderem. Leb wohl.

[14] ERASMUS: Für jetzt nichts, aber ich will mich von nun an mit dem beschäftigen, was du mir gesagt hast, bis zur nächsten Gelegenheit, und somit Gott befohlen.

DRITTES KAPITEL

Daß Gott Ursache von allem ist *

[1] Wir werden jetzt anfangen, von den Eigenschaften zu handeln, die wir Gott eigentümlich[13] genannt haben. Zunächst, inwiefern Gott Ursache von allem ist.

Wir haben schon vorhin gesagt, daß eine Substanz nicht eine andere hervorbringen kann und Gott ein Seiendes ist, dem alle Attribute zugesprochen werden, woraus klar folgt, daß alle anderen Dinge ohne ihn oder außerhalb von ihm in keiner Weise existieren oder begriffen werden können. Deshalb dürfen wir mit allem Grund sagen, daß Gott Ursache von allem ist.

[2] Da man die wirkende Ursache achtfach zu unterteilen pflegt, wollen wir untersuchen, in welcher Weise Gott Ursache ist. Wir sagen also:

1. Er ist eine ausfließende oder produktive Ursache seiner Handlungen und im Hinblick auf den dabei stattfinden Vorgang eine tätige und darin wirkende Ursache, was wir, da es Korrelate sind, in eins setzen.

2. Er ist eine immanente Ursache und keine übergehende, angesichts dessen, daß er in sich selbst und nicht außerhalb von sich handelt, weil außerhalb von ihm nichts existiert.

3. Gott ist eine freie Ursache und keine natürliche, wie wir dartun und klar machen werden, wenn wir untersuchen, ob Gott unterlassen kann zu tun, was er tut, wobei dann zugleich erklärt wird, worin seine wahre Freiheit besteht.

[13] Sie werden eigentümlich genannt, weil sie nur Adjektive sind, die ohne ihr Substantiv nicht begriffen werden können; d.h. Gott wäre nicht Gott ohne sie, doch ist er nicht Gott durch sie, denn sie lassen nichts Substantielles erkennen, durch das allein Gott existiert.

4. Gott ist Ursache durch sich selbst und nicht durch Zufall, was bei Behandlung der Vorherbestimmung deutlicher werden wird.

5. Gott ist die vorrangige Ursache der Werke, die er unmittelbar geschaffen hat, wie Bewegung in der Materie usw., in denen die sogenannte untergeordnete Ursache keinen Ort haben kann, weil sie immer in den besonderen Dingen ist, etwa wenn Gott durch starken Wind die See austrocknet, und so bei allen besonderen Dingen, die in der Natur sind. Die untergeordnete Ursache, durch die etwas einen Anfang nimmt, ist nicht in Gott, weil es nichts gibt, das ihn von außen zwingen könnte. Die vorangehende Ursache ist vielmehr Gottes Vollkommenheit selbst, durch die er Ursache seiner selbst und folglich aller anderen Dinge ist.

6. Gott ist allein die erste oder beginnende Ursache, wie aus unserem vorhergehenden Beweis klar hervorgeht.

7. Gott ist auch eine allgemeine Ursache, aber bloß unter dem Aspekt, daß er verschiedene [besondere] Werke hervorbringt; anders läßt sich so etwas nicht sagen, denn er hat niemanden nötig, um Wirkungen hervorzubringen.

8. Gott ist die nächste Ursache der Dinge, die unendlich und unveränderlich sind und die, so sagen wir, von ihm unmittelbar erschaffen sind. Gleichwohl ist er in einem gewissen Sinne die letzte Ursache aller besonderen Dinge.

VIERTES KAPITEL

Über Gottes notwendiges Handeln *

[1] Daß Gott unterlassen könnte zu tun, was er tut, verneinen wir und werden es zugleich beweisen, wenn wir von der Vorherbestimmung handeln, wo wir auch darlegen, daß jedes Ding von seiner Ursache notwendigerweise abhängt.

[2] Es läßt sich aber auch über die Vollkommenheit Gottes beweisen, denn es ist ohne jeden Zweifel wahr, daß Gott alles so vollkommen hervorbringen kann, wie er es in seiner Idee begreift. Und wie die Dinge, die von ihm begriffen werden,

von ihm nicht vollkommener begriffen werden können, als er sie begreift, so können von ihm auch alle Dinge so vollkommen hervorgebracht werden, daß sie aus ihm nicht vollkommener hervorgehen könnten. Unser Beweis, Gott habe nicht unterlassen können zu tun, was er getan hat, stützt sich [noch in anderer Weise] auf seine Vollkommenheit, daß es nämlich in Gott eine Unvollkommenheit wäre, das, was er tut, nicht tun zu können. Indessen nehmen wir in Gott nicht eine untergeordnete beginnende Ursache an, die ihn zum Handeln bewogen hätte, denn dann wäre er nicht Gott.

[3] Doch nun erhebt sich hier von neuem die Streitfrage, ob Gott alles, was in seiner Idee ist und er auch in vollkommener Weise tun kann, unterlassen könnte zu tun und ob ein solches Unterlassen in ihm eine Vollkommenheit ist. Dazu sagen wir: Weil alles, was geschieht, von Gott getan ist und deshalb von ihm, weil er sonst veränderlich wäre, notwendigerweise vorherbestimmt sein muß, würde eine solche Annahme eine große Unvollkommenheit in ihn setzen; und außerdem sagen wir: Diese Vorherbestimmung muß von aller Ewigkeit her in ihm sein, in welcher Ewigkeit es kein Vorher oder Nachher gibt. Daraus folgt ganz klar, daß Gott auf keine andere Weise die Dinge hat vorherbestimmen können, als sie von aller Ewigkeit her schon bestimmt sind, und er weder vor noch ohne eine solche Bestimmung hat existieren können.

[4] Ferner, wenn Gott ein Tun unterlassen würde, müßte das entweder aus einer Ursache in ihm kommen oder aus keiner. Wenn ja, müßte er es notwendigerweise unterlassen; wenn nein, müßte er es notwendigerweise nicht unterlassen. Das ist an sich klar. Mehr noch, im erschaffenen Ding ist es eine Vollkommenheit, zu existieren und von Gott verursacht zu sein, denn die größte aller Unvollkommenheiten ist das Nichtsein. Und weil das Heil und die Vollkommenheit von allem der Wille Gottes ist, bestünde, wenn Gott wollen würde, daß dieses Ding nicht von ihm wäre, das Heil und die Vollkommenheit ebendieses Dinges für alle Zeit im Nichtsein, was in sich selbst widersprüchlich ist. Also verneinen wir, daß Gott unterlassen könnte zu tun, was er tut.

[5] Das halten manche für Lästerung und eine Verkleinerung Gottes, doch kommt solches Reden daher, daß man nicht recht begreift, worin [Gottes] wahre Freiheit besteht. Sie ist keineswegs, wie sie wähnen, das Vermögen, etwas Gutes oder Schlechtes zu tun oder nicht zu tun. Die wahre Freiheit ist ausschließlich oder nichts anderes als die erste Ursache, die von nichts anderem gezwungen oder genötigt wird und allein durch ihre Vollkommenheit Ursache aller Vollkommenheit ist. Folglich wäre Gott, wenn er dies zu tun unterlassen könnte, nicht vollkommen, weil unterlassen zu können, das Gute zu tun, d. h. die Vollkommenheit in das von ihm Hervorgebrachte zu setzen, in ihm nur ein Mangel sein kann. Daß allein Gott die einzige freie Ursache ist, ist nicht nur aus dem bisher Gesagten klar, sondern auch daraus, daß es außerhalb von ihm keine äußere Ursache gibt, die ihn zwingt * oder nötigt; nichts dergleichen findet sich in den erschaffenen Dingen.

[6] Hiergegen wird folgendermaßen argumentiert: Das Gute ist allein deshalb gut, weil Gott es will, und insofern könnte er immerhin bewirken, daß das Böse zu einem Guten wird. Doch eine derartige Argumentation ist ebenso schlüssig, als ob ich sagte: Gott ist Gott, weil er Gott sein will, und folglich liegt es in seiner Macht, nicht Gott zu sein, was die Ungereimtheit selber ist. Weiter, wenn Menschen etwas tun, und man fragt sie, warum sie es tun, ist die Antwort: weil die Gerechtigkeit es so verlangt. Fragt man dann, warum die Gerechtigkeit oder besser die erste Ursache alles Gerechten es verlangt, muß die Antwort sein, weil die Gerechtigkeit es so will. Aber, mein Lieber, sollte die Gerechtigkeit es wohl unterlassen können, gerecht zu sein? Keinesfalls, denn dann könnte sie ja nicht Gerechtigkeit sein. Diejenigen aber, die sagen, Gott tue alles, was er tut, allein deshalb, weil es in sich selbst gut ist, sie, sage ich, meinen vielleicht, nicht von uns abzuweichen. Aber weit davon entfernt, weil sie mit ihrer These etwas vor Gott annehmen, wozu er verpflichtet oder verbunden wäre, nämlich etwas, was in ihm eine Begierde aufkommen läßt, das, was gut und auch gerecht ist, existieren zu lassen.

[7] Nun stellt sich von neuem die Frage, ob Gott, wenn alle Dinge von ihm auf eine andere Weise von Ewigkeit her erschaffen, geordnet und vorherbestimmt wären, als sie jetzt sind, gerade so vollkommen wäre? Worauf die Antwort lautet: Falls die Natur von aller Ewigkeit her auf eine andere Weise, als sie jetzt ist, erschaffen wäre, müßte nach der Lehre derer, die Gott Willen und Verstand zuschreiben, zugleich unausweichlich folgen, daß Gott damals einen anderen Willen und einen anderen Verstand als jetzt gehabt hatte, denen gemäß er es anders gemacht hätte. So wäre man denn genötigt anzunehmen, daß Gott jetzt anders beschaffen ist als damals und damals anders war als jetzt. Daher wären wir, wenn wir annehmen, daß er jetzt der Höchstvollkommene ist, genötigt zu sagen, daß er es damals nicht war, als er alles anders erschaffen hatte. All das sind Dinge, die greifbare Ungereimtheiten in sich schließen und gewiß nicht Gott zugeschrieben werden können, der jetzt, früher und in alle Ewigkeit unveränderlich ist, gewesen ist und bleiben wird.

[8] Beweisen läßt sich dies des weiteren aus unserem Begriff der freien Ursache, die nicht darin besteht, etwas tun oder lassen zu können, sondern allein darin, nicht von etwas anderem abzuhängen, derart daß alles, was Gott tut, von ihm als der im höchsten Maße freien Ursache getan wird. Wenn er denn die Dinge zuvor anders gemacht hätte, als sie jetzt sind, müßte folgen, daß er zu einem Zeitpunkt unvollkommen war, was falsch ist. In der Tat, sofern Gott die erste Ursache aller Dinge ist, muß etwas in ihm sein, kraft dessen er tut, was er tut, und zu tun nicht unterläßt. Weil wir sagen, daß die Freiheit nicht darin besteht, etwas zu tun oder nicht zu tun, und wir auch dargetan haben, daß die eigene Vollkommenheit selbst es ist, die Gott etwas tun läßt, schließen wir, daß, wenn es nicht seine Vollkommenheit war, die es ihn tun ließ, die Dinge nicht existieren würden, d. h. nicht zu dem Dasein gekommen wären, das sie jetzt haben. Das ist ebenso viel, wie wenn man sagte: Wenn Gott unvollkommen war, wären die Dinge anders, als sie jetzt sind.

[9] Soweit von der ersten Eigenschaft. Jetzt wollen wir zur zwei-

ten Eigenschaft Gottes, die wir eigentümlich nennen, übergehen und sehen, was sich darüber sagen läßt, und so weiter bis zum Schluß.

FÜNFTES KAPITEL

Über Gottes Vorsehung *

[1] Die zweite Eigenschaft, die wir eigentümlich nennen, ist die Vorsehung, die für uns nichts anderes ist als das Streben, das wir sowohl in der Natur im Ganzen als auch in jedem besonderen Ding als Tendenz, das eigene Sein zu erhalten und zu bewahren, antreffen. In der Tat, es ist evident, daß kein Ding aus seiner eigenen Natur heraus nach Selbstvernichtung trachten kann, sondern daß im Gegenteil jedes Ding in sich ein Streben hat, sich selbst in seinem Zustand zu bewahren und ihn zu steigern.

[2] In dieser Sicht nehmen wir entsprechend unserer gegebenen Definition eine allgemeine und eine besondere Vorsehung an. Die allgemeine ist die, durch die jedes Ding hervorgebracht und erhalten wird, soweit es ein Teil der ganzen Natur ist, die besondere ist das Streben, das jedes besondere Ding zum Bewahren seines Seins hat, soweit es nicht als ein Teil der Natur betrachtet wird, sondern als ein [in sich] Ganzes. Das läßt sich durch folgendes Beispiel erläutern: Für alle Glieder des Menschen ist vorgesehen und vorgesorgt worden, insofern sie Teile des Menschen sind, und das ist die allgemeine Vorsehung; und die besondere ist das Streben, das jedes besondere Glied (als ein Ganzes und nicht als Teil des Menschen) für die Bewahrung und Erhaltung des eigenen Wohlergehens hat.

SECHSTES KAPITEL

Über Gottes Vorherbestimmung *

[1] Die dritte Eigenschaft ist, sagen wir, die göttliche Vorherbestimmung. Wir haben schon bewiesen, 1. daß Gott nicht unterlassen kann zu tun, was er tut, daß er nämlich alles so

vollkommen erschaffen hat, daß es nicht vollkommener sein kann; und zugleich 2. daß ohne ihn kein Ding existieren noch begriffen werden kann.

[2] Es bleibt noch zu untersuchen, ob in der Natur irgendwelche zufälligen Dinge existieren, Dinge, die sich ereignen oder auch nicht ereignen können; anders gesagt, ob irgendein Ding existiert, bei dem wir nicht fragen könnten, warum es existiert.

Daß kein zufälliges Ding existiert, beweisen wir so: Was keine Ursache hat, um zu existieren, kann unmöglich existieren; was zufällig ist, hat keine Ursache; also ...

Der Obersatz ist außer aller Frage; den Untersatz beweisen wir so: Wenn das Zufällige eine bestimmte und gewisse Ursache hat, um zu existieren, muß es notwendigerweise existieren; aber daß es sowohl zufällig wie notwendig zugleich wäre, ist ein Widerspruch; also ...

[3] Vielleicht wird jemand sagen, daß etwas Zufälliges keine eindeutig bestimmte Ursache hat, aber eine zufällige. Wenn es so wäre, müßte es entweder im Sinn von Trennung oder im Sinn von Zusammensetzung so sein, d. h. entweder daß die Existenz dieser Ursache und nicht deren Ursächlichkeit zufällig ist; oder aber daß es zufällig ist, daß dieses Etwas (mag es auch in der Natur mit Notwendigkeit existieren) eine Ursache ist, die jenes Zufällige hervorbringt. Doch beides ist falsch. Denn was die erste Annahme angeht: Wenn etwas zufällig ist, weil seine Ursache zufällig ist, dann muß diese Ursache ebenfalls zufällig sein, weil die Ursache, die sie hervorgebracht hat, auch zufällig ist, und so ins Unendliche. Und weil schon zuvor bewiesen ist, daß alles von einer einzigen Ursache abhängt, müßte selbst diese Ursache zufällig sein, was offensichtlich falsch ist. Was die zweite Annahme angeht: Wenn die fragliche Ursache nicht stärker bestimmt wäre, das eine statt des anderen hervorzubringen, d. h. das eine hervorzubringen oder nicht hervorzubringen, wäre beides unmöglich, sowohl daß sie es hervorbringt wie daß sie es nicht hervorbringt, was ein direkter Widerspruch ist.

[4] Was die obige zweite Frage betrifft, behaupten wir, daß in der Natur kein Ding existiert, von dem man nicht fragen könnte,

warum es existiert, welche Behauptung erkennen läßt, daß es uns zu untersuchen obliegt, durch welche Ursache etwas existiert; denn ohne Ursache wäre es unmöglich, daß etwas existiert. Diese Ursache müssen wir entweder in dem Ding oder außerhalb von ihm suchen. Fragt man, nach welcher Regel diese Untersuchung anzustellen ist, sagen wir, daß offenbar gar keine nötig ist. Denn wenn Existenz zur Natur des Dinges gehört, müssen wir die Ursache sicherlich nicht außerhalb von ihm suchen. Gilt dies nicht, müssen wir die Ursache natürlich dort suchen. Da aber der erste Fall allein auf Gott zutrifft, ist dadurch erwiesen (wie wir es schon weiter oben getan haben), daß allein Gott die erste Ursache von allem ist.

[5] Hieraus erhellt zugleich, daß dieser und jener Willensakt des Menschen eine äußere Ursache haben muß, von der er notwendigerweise verursacht wird; denn die Existenz des Willens gehört nicht zur Essenz des Menschen. Klar ist das auch aus all dem, was wir in diesem Kapitel gesagt haben, und noch klarer aus dem, was wir, von der Freiheit des Menschen handelnd, im zweiten Teil sagen werden.

[6] Gegen all das wird von anderen vorgebracht: Wie ist es möglich, daß Gott, der höchstvollkommen und einzige Ursache genannt wird, er, der alles lenkt und vorhersieht, trotzdem zuläßt, daß überall in der Natur eine solche Unordnung sichtbar wird? Und auch, warum er den Menschen nicht so erschaffen hat, daß er nicht sündigen kann?

[7] Zunächst kann man nicht zu Recht sagen, daß es in der Natur Unordnung gibt, da von den Dingen niemand alle Ursachen kennt, um darüber urteilen zu können. Dieser Einwand kommt jedoch vor allem aus Unkenntnis: Man hat allgemeine Ideen konstruiert, mit denen, wie man meint, die besonderen Dinge, um vollkommen zu sein, übereinstimmen müßten. Die Ideen sind, behaupten sie, im Verstand Gottes, wie ja viele in der Nachfolge Platos gesagt haben, d.h. daß solche allgemeinen Ideen (wie „vernünftig", „Tier" und dergl.) von Gott erschaffen sind. Wenn die Nachfolger des Aristoteles auch sagen, das seien keine wirklichen Dinge, sondern Gedankendinge, betrachten sie sie dennoch oft als Dinge, haben

sie doch klar gesagt, daß Gottes Fürsorge sich nicht auf die besonderen Dinge, sondern nur auf die Gattungen erstrecke; beispielsweise habe Gott seine Fürsorge nicht auf Bucephalus usw. gerichtet, sondern nur auf die ganze Gattung Pferd. Sie sagen auch, Gott habe kein Wissen von den besonderen und vergänglichen Dingen, sondern nur von den allgemeinen, die ihrer Ansicht nach unvergänglich sind. Doch wir haben das bei ihnen zu Recht als Unkenntnis angesehen, denn alle besonderen Dinge und allein sie haben eine [essentielle] Ursache, nicht jedoch die allgemeinen, weil diese gar nicht existieren.

Gott ist also Ursache und Unterstützer bloß der besonderen Dinge. Müßten die besonderen Dinge mit einer anderen Natur übereinstimmen, könnten sie nicht mit ihrer eigenen übereinstimmen und folglich nicht die sein, die sie wirklich sind. Hätte Gott zum Beispiel alle Menschen in der Besonderheit erschaffen, in der er Adam vor dem Fall erschaffen hat, dann hätte er eben allein Adam erschaffen und nicht auch Peter und Paul. Aber gerade das ist die wahre Vollkommenheit in Gott, allen Dingen vom kleinsten bis zum größten ihre Essenz zu geben oder, um es besser auszudrücken, in sich selbst alles zu haben, was vollkommen ist.

[8] Was den zweiten Einwand angeht, warum Gott den Menschen nicht so erschaffen hat, daß er nicht sündigen kann, darauf dient als Antwort der Hinweis, daß alles, was über Sünde gesagt wird, bloß von unserem Gesichtspunkt aus gesagt wird, wie wenn wir zwei Dinge miteinander oder unter verschiedenen Gesichtspunkten vergleichen. Wenn zum Beispiel jemand eine Uhr konstruiert hat, damit sie schlägt und die Stunden exakt anzeigt, und dieses Werk mit der Absicht des Verfertigers gut übereinstimmt, sagt man, daß es gut, und andernfalls, daß es schlecht ist, obwohl es auch hätte gut sein können, wenn die Absicht gewesen wäre, die Uhr unregelmäßig gehend und außer der Zeit schlagend zu machen.

[9] Wir schließen also und sagen, daß von der Sache her Peter mit der Idee von Peter übereinstimmen muß und nicht mit der Idee des Menschen; daß gut, schlecht oder Sünde lediglich Modi des Denkens sind und nicht Realitäten oder etwas, was existiert,

wie wir vielleicht im folgenden ausführlicher zeigen werden. Denn alle Dinge und Handlungen, die in der Natur sind, sind vollkommen. *

SIEBENTES KAPITEL

Über Attribute, die nicht zu Gott gehören *

[1] Hier wollen wir von den Attributen[14] sprechen, die gewöhnlich Gott zugeschrieben werden, aber nicht zu ihm gehören, wie auch von denen, durch die man Gott zu definieren sucht, wenn auch vergeblich, und zugleich von den Regeln der wahren Definition.

[2] Hierfür werden wir uns nicht weiter um die gewöhnlichen Vorstellungen der Menschen kümmern, sondern bloß kurz untersuchen, was die Philosophen über Gott zu sagen wissen. Sie haben Gott definiert als ein Seiendes, das durch sich selbst existiert, Ursache aller Dinge ist, allwissend, allmächtig, ewig, einfach, unendlich, höchstes Gut, von unendlicher Barmherzigkeit usw. Bevor wir mit dieser Untersuchung beginnen, wollen wir einmal sehen, was sie uns zugestehen.

[3] Erstens sagen sie, man könne keine wahre oder regelgerechte Definition von Gott geben, weil ihrer Meinung nach eine Definition bloß aus Gattung und [spezifischer] Differenz beste-

[14] Was die Attribute betrifft, aus denen Gott besteht, sie sind nichts weiter als unendliche Substanzen, deren jede unendlich vollkommen sein muß. Daß dies so sein muß, davon überzeugt uns bislang die klare und deutliche Vernunft, auch wenn von all diesen unendlichen Attributen uns bloß zwei durch ihre eigene Essenz bekannt sind; es sind Denken und Ausdehnung. Alles, was sonst noch gewöhnlich Gott zugeschrieben wird, sind nicht Attribute, sondern nur bestimmte Modi, die ihm entweder im Hinblick auf alles, d.h. auf alle seine Attribute, oder im Hinblick auf nur ein Attribut beigelegt werden können. Im Hinblick auf alle, daß er ewig ist, durch sich selbst existierend, unendlich, Ursache von allem, unveränderlich; im Hinblick auf nur ein Attribut, in Bezug auf Denken, daß er allwissend ist, weise usw., und in Bezug auf Ausdehnung, daß er überall ist, alles erfüllt usw.

hen kann, weshalb Gott, der unter keine Gattung fällt, nicht richtig oder regelgerecht definiert werden könne.

[4] Zweitens sagen sie, die Definition müsse das Ding uneingeschränkt und affirmativ ausdrücken, von Gott könne man aber nicht affirmativ, sondern bloß negativ wissen; deshalb könne von Gott keine regelgerechte Definition gegeben werden.

[5] Drittens sagen sie, Gott könne niemals a priori bewiesen werden, weil er keine Ursache hat, sondern bloß auf wahrscheinliche Weise und über das, was er hervorbringt.

Weil sie uns damit genugsam bekunden, von Gott nur eine recht schwache und klägliche Erkenntnis zu haben, können wir jetzt daran gehen, ihre Definitionen zu überprüfen.

[6] Zunächst sehen wir nicht, daß sie uns hier überhaupt Attribute liefern, durch die das Ding (Gott) in dem erkannt wird, was es ist; es sind lediglich bestimmte Eigenschaften, die zwar zu einem Ding gehören, aber niemals erklären, was es ist. Denn obwohl durch sich selbst existieren, Ursache aller Dinge sein, höchstes Gut, ewig und unveränderlich usw. allein Gott eigentümlich ist, können wir durch diese Eigenschaften doch nicht wissen, was dieses Seiende, zu dem diese Eigenschaften gehören, ist noch welche Attribute es hat.

[7] Es wird also jetzt Zeit, die Bestimmungen ins Auge zu fassen, die sie Gott zuschreiben, die aber nicht zu ihm[15] gehören, wie allwissend, barmherzig, weise usw. Diese Merkmale sind nur bestimmte Modi im Attribut Denken, die ohne die Substanz, deren Modi sie sind, keinesfalls existieren oder begriffen werden können und ihm, der ein Seiendes ist, das allein durch sich selbst existiert, nicht zugeschrieben werden können.

[8] Schließlich nennen sie ihn das höchste Gut. Wenn sie darunter aber etwas anderes verstehen, als sie schon gesagt haben, nämlich daß Gott unveränderlich ist und Ursache aller Dinge, dann haben sie sich in ihrem eigenen Begriff verstrickt oder sich selbst nicht verstehen können. Das kommt von ihrem Irrtum über gut und schlecht, weil sie meinen, der Mensch selbst,

[15] Man verstehe: er, betrachtet im Hinblick auf alles, was er ist, d.h. auf alle seine Attribute; siehe hierüber S. 45.

und nicht Gott, sei Ursache seiner Sünden und seines Übels, was, wie wir bereits bewiesen haben, nicht der Fall sein kann, weil wir dann genötigt wären anzunehmen, der Mensch sei auch Ursache seiner selbst. Doch wird sich das, wenn wir später vom menschlichen Willen handeln, noch klarer ergeben.

[9] Es wird jetzt nötig sein, ihre Scheingründe, mit denen sie ihre Unwissenheit im Feld der Erkenntnis Gottes zu beschönigen suchen, aufzulösen. Sie sagen also erstens, daß eine regelgerechte Definition aus Gattung und Unterschied bestehen müsse. Obwohl alle Logiker das zugestehen, weiß ich nicht, woher sie es haben. Wahrlich, wenn das wahr sein muß, kann man überhaupt nichts wissen. Denn wenn wir ein Ding zuvor durch die Definition nach Gattung und Unterschied vollständig erkennen müssen, könnten wir die höchste Gattung niemals vollständig erkennen, die ja keine Gattung über sich hat. Wenn aber die höchste Gattung, die Ursache der Erkenntnis aller anderen Dinge ist, nicht erkannt wird, können die anderen Dinge, die durch diese Gattung erklärt werden, noch viel weniger begriffen oder erkannt werden. Da wir jedoch frei sind und uns an ihre Behauptungen keinesfalls gebunden fühlen, werden wir entsprechend der wahren Logik andere Regeln der Definition ins Feld führen, nämlich gemäß den Einteilungen, die wir von der Natur machen.

[10] Wir haben schon gesehen, daß die Attribute (oder, wie andere sie nennen, die Substanzen) Dinge sind oder, um besser und eigentlicher zu reden, ein durch sich selbst existierendes Seiendes, das sich deshalb durch sich selbst zu erkennen gibt und beweist. Die anderen Dinge, so sehen wir, sind nur Modi der Attribute, ohne die sie weder existieren noch begriffen werden könnten.

Folglich müssen die Definitionen von zwei Gattungen (oder Typen) sein:

Erstens die der Attribute, die zu einem durch sich selbst bestehenden Seienden gehören; und diese brauchen weder Gattung noch etwas anderes, wodurch sie besser begriffen oder erklärt würden. Denn als Attribute eines durch sich selbst existierenden Seienden werden sie auch durch sich selbst erkannt.

Zweitens die der Dinge, die nicht durch sich selbst existieren, sondern nur durch die Attribute, deren Modi sie sind und durch die sie, gleichsam durch ihre Gattung, begriffen werden müssen.

Soviel zu ihrem Verständnis von Definition.

[11] Zum zweiten Punkt, daß Gott von uns nicht in einer adäquaten Erkenntnis erkannt werden könne, darauf hat schon Descartes hinlänglich geantwortet in seiner Entgegnung auf die Einwände, die diesen Gegenstand betreffen. S. 18.

[12] Zum dritten Punkt, daß Gott nicht a priori bewiesen werden könne, darauf haben wir selbst schon zuvor geantwortet. Da Gott Ursache seiner selbst ist, genügt es, ihn durch sich selbst zu beweisen, und ein derartiger Beweis ist auch viel schlüssiger als derjenige a posteriori, der sich in der Regel nur mit Hilfe äußerer Ursachen führen läßt.

ACHTES KAPITEL
Von der Natura naturans

Hier wollen wir, ehe wir zu etwas anderem weitergehen, kurz die gesamte Natur einteilen, nämlich in Natura naturans und Natura naturata.

Unter Natura naturans verstehen wir ein Seiendes, das wir durch es selbst klar und deutlich begreifen, ohne auf etwas anderes als es selbst (wie all die Attribute, die wir bisher beschrieben haben) zurückzugreifen, ein Seiendes, das Gott ist. Auch die Thomisten haben Gott unter demselben Ausdruck verstanden; doch war ihre Natura naturans ein Wesen (so nannten sie es) außerhalb aller Substanzen.

Die Natura naturata unterteilen wir zweifach, in eine allgemeine und eine besondere. Die allgemeine besteht in all den Modi, die von Gott unmittelbar abhängen, worüber wir im folgenden Kapitel handeln. Die besondere besteht in allen besonderen Dingen, die von den allgemeinen Modi verursacht werden, so daß die Natura naturata für ihr richtiges Verständnis einiger [Attribute der] Substanz bedarf.

NEUNTES KAPITEL
Von der Natura naturata

[1] Was die allgemeine Natura naturata angeht, d.h. die Modi oder Geschöpfe, die unmittelbar von Gott abhängen oder unmittelbar von ihm erschaffen sind, von ihnen kennen wir nicht mehr als zwei, nämlich Bewegung in der Materie[16] und Verstand im Attribut Denken. Sie haben, sagen wir, von aller * Ewigkeit her existiert und werden in aller Ewigkeit unveränderlich bleiben: ein Werk wahrlich so groß, wie es der Größe des Werkmeisters geziemt!

[2] Was im besonderen die Bewegung angeht, etwa, daß sie von aller Ewigkeit her existiert hat und in Ewigkeit unveränderlich bleiben wird, daß sie unendlich in ihrer Gattung ist, daß sie nicht durch sich selbst existieren und begriffen werden kann, sondern nur im Medium von Ausdehnung – von alldem, sage ich, wollen wir hier nicht handeln, da das alles eher zu einem Traktat über die Naturwissenschaft als hierher gehört, * sondern bloß sagen, daß sie ein Sohn, ein Werk oder ein Produkt ist, unmittelbar erschaffen von Gott.

[3] Was den Verstand im Attribut Denken angeht, auch er ist ebenso wie die Bewegung ein Sohn, ein Werk oder ein unmittelbares Geschöpf Gottes, ebenfalls von aller Ewigkeit her von ihm erschaffen und in aller Ewigkeit unveränderlich bleibend. Seine einzige Eigenschaft ist, jederzeit alles klar und deutlich zu erkennen, dem eine unendliche und höchstvollkommene Zufriedenheit entspringt, die unveränderlich ist, weil er nicht unterlassen kann zu tun, was er tut. All das werden wir, obwohl das bislang von uns dazu Gesagte hinreichend durch sich selbst klar ist, bei der späteren Behandlung der Affektionen der Seele noch klarer beweisen und deshalb hier nichts weiter dazu sagen.

[16] Bemerkung. Was hier von der Bewegung in der Materie gesagt * wird, ist nicht mit Sicherheit gesagt. Denn der Verfasser sucht davon noch die Ursache zu finden, wie er es a posteriori in gewissem Sinne schon getan hat. Doch kann das hier so stehenbleiben, weil nichts darauf gebaut oder davon abhängig ist.

ZEHNTES KAPITEL
Über gut und schlecht

[1] Um hier kurz zu sagen, was in sich selbst gut und schlecht ist, beginnen wir so: *

Bestimmtes ist in unserem Verstand und nicht in der Natur; es ist nur unser eigenes Werk und dient uns, die Dinge deutlich zu erkennen. Dazu zählen wir alle Relationen, die auf unterschiedliche Dinge Bezug haben; sie nennen wir Gedankendinge.

[2] Nun ist die Frage, ob das Gute und das Schlechte zu den Gedankendingen oder zu den realen Dingen gehören. Da aber gut und schlecht nichts anderes sind als Relationen, ist außer Zweifel, daß sie unter die Gedankendinge fallen müssen, denn daß etwas gut ist, sagt man immer im Hinblick auf etwas, was nicht so gut oder uns nicht so nützlich ist wie etwas anderes. So sagt man von einem Menschen, daß er schlecht ist, nur im Hinblick auf einen, der besser ist, oder von einem Apfel im Hinblick auf einen anderen, der gut oder besser ist. All das könnte unmöglich gesagt werden, wenn man nicht ein Besseres oder Gutes im Blick hätte, in Bezug worauf etwas schlecht genannt wird.

[3] Sobald man also sagt: dieses Ding ist gut, sagt man nichts weiter, als daß es mit der allgemeinen Idee, die wir von einem solchen Ding haben, gut übereinstimmt. Deshalb müssen, wie wir schon oben gesagt haben, die Dinge mit ihren besonderen Ideen, deren Sein in einer vollkommenen Essenz bestehen muß, übereinstimmen und nicht mit der allgemeinen Idee, weil anders sie gar nicht existieren würden.

[4] Für uns ist die Sache klar. Doch wollen wir zum Beschluß des Gesagten als Bestätigung noch folgende Belege hinzufügen:

Alle Entitäten, die in der Natur existieren, sind entweder Dinge oder Handlungen. – Nun sind das Gute und das Schlechte weder Dinge noch Handlungen. – Also existiert das Gute und Schlechte nicht in der Natur.

In der Tat, wären das Gute und das Schlechte Dinge oder Handlungen, müßten sie ihre Definition haben. Aber das

Gute und das Schlechte (zum Beispiel die Güte des Petrus und die Schlechtigkeit des Judas) haben keine Definition außerhalb der Essenz von Petrus und Judas, denn allein diese existiert in der Natur, und jene Merkmale lassen sich nicht unabhängig davon definieren. Also folgt wie oben, daß das Gute und das Schlechte keine in der Natur existierenden Dinge oder Handlungen sind.

ZWEITER TEIL
ÜBER DEN MENSCHEN UND WAS ZU IHM GEHÖRT

Vorrede zum zweiten Teil

[1] Nachdem wir im ersten Teil von Gott und den allgemeinen und unendlichen Dingen gesprochen haben, müssen wir jetzt im zweiten Teil von den besonderen und begrenzten Dingen handeln; jedoch nicht von allen, weil sie unzählig sind, sondern nur von denen, die sich auf den Menschen beziehen, und dabei zunächst betrachten, was der Mensch ist, sofern er aus bestimmten Modi besteht, die in den beiden Attributen einbegriffen sind, die wir in Gott ausgemacht haben.

[2] Ich sage aus „Modi“, weil ich keineswegs der Ansicht bin, daß der Mensch, soweit er aus Geist, Seele[17] oder Körper besteht,

[17] 1. Unsere Seele ist entweder Substanz oder Modus; nicht Substanz, denn wir haben schon bewiesen, daß es keine begrenzte Substanz in der Natur geben kann; also Modus.

2. Als Modus muß sie es entweder von substantieller Ausdehnung oder von substantiellem Denken her sein; nicht von Ausdehnung her, weil usw.; also von Denken her.

3. Substantielles Denken ist, weil es nicht begrenzt sein kann, unendlich vollkommen in seiner Gattung und ein Attribut Gottes.

4. Ein vollkommenes Denken muß eine Erkenntnis, eine Idee (einen Modus von Denken) aller existierenden Dinge haben (und zwar eines jeden einzelnen), von Substanzen wie von Modi, ohne Ausnahme.

5. Wir sagen „existierende“, weil wir hier nicht von einer Erkenntnis, Idee usw. sprechen, die die ganze Natur in der Verknüpfung alles Seienden, unabhängig von aller besonderen Existenz, in deren Essenz erkennt, sondern allein von der Erkenntnis, Idee usw. der besonderen Dinge, die jeweils zum Existieren kommen.

6. Diese Erkenntnis, Idee usw. eines jeden besonderen Dinges, das zum Existieren kommt, ist, sagen wir, die Seele dieses Dinges.

7. Jedes besondere Ding, das zum Existieren kommt, kommt dazu durch Bewegung und Ruhe; und so sind alle Dinge Modi in substantieller Ausdehnung; wir nennen sie deshalb Körper.

eine Substanz ist. In der Tat haben wir schon am Anfang dieses Buches dargetan, 1. daß keine Substanz einen Anfang haben kann, 2. daß eine Substanz nicht eine andere hervorbringen kann und endlich 3. daß nicht zwei gleiche Substan-

8. Ihre Verschiedenheit entsteht allein durch eine andere Proportion von Bewegung und Ruhe, wodurch ein Ding so und nicht anders ist und dieses Ding genau dieses und nicht jenes.

9. Aus einer solchen Proportion von Bewegung und Ruhe kommt auch dieser unser Körper dazu, zu existieren, von dem dann, nicht weniger als von allen anderen Dingen, eine Erkenntnis, Idee usw. im Attribut Denken sein muß, und dies ist zugleich der Ursprung unserer Seele.

10. In einer anderen Proportion von Bewegung und Ruhe war unser Körper als ungeborenes Kind, und er wird später, wenn wir tot sind, wiederum in einer anderen sein, und nicht weniger als damals und nicht weniger als jetzt wird dann eine Idee, Erkenntnis usw. unseres Körpers im Attribut Denken sein, aber nicht dieselbe, weil er jetzt in einer anderen Proportion von Bewegung und Ruhe ist.

11. Um im substantiellen Denken eine Idee (eine Erkenntnis, einen Modus des Denkens) zu verursachen, die so ist wie gegenwärtig unsere, ist nicht ein beliebiger Körper erforderlich (der dann anders erkannt werden müßte, als er ist), sondern ein Körper, der genau in dieser Bewegung und Ruhe proportioniert ist, und kein anderer; denn so, wie der Körper ist, so ist die Seele, die Idee, die Erkenntnis usw.

12. Wenn ein solcher Körper eine ihm eigene Proportion (etwa von 1:3) hat und behält, werden Seele und Körper so sein, wie es unser Körper aktuell ist, der zwar ständiger Veränderung unterworfen ist, aber nicht so stark, daß sie die Proportion von 1:3 übersteigt; gleichwohl, soweit er sich verändert, verändert sich in gleichem Maße auch die Seele.

13. Unsere Veränderung, die von anderen Körpern, die auf uns einwirken, kommt, kann nicht entstehen, ohne daß die Seele, die sich dadurch selber ständig verändert, sie wahrnimmt. Und diese Veränderung ist eigentlich das, was wir Empfindung nennen.

14. Wenn aber andere Körper auf unseren so gewaltig einwirken, daß die Proportion der Bewegung von 1:3 sich nicht erhalten kann, ist das der Tod und die Vernichtung der Seele, die ja nur eine Idee, Erkenntnis usw. dieses so in Bewegung und Ruhe proportionierten Körpers ist.

zen existieren können. Der Mensch, der nicht von Ewigkeit her existiert hat, begrenzt ist und vielen anderen Menschen gleicht, kann also nicht eine Substanz sein.

[3] Daher ist alles, was er an Gedanken hat, nur ein Modus des Attributs Denken, das wir Gott zugordnet haben, und alles, was er an Gestalt, Bewegung und anderem hat, gehört in gleicher Weise zu dem anderen Attribut, das wir Gott zugeordnet haben.

[4] Wenn einige daraus, daß die Natur des Menschen ohne diese Attribute, die nach unserer Behauptung den Charakter einer Substanz haben, weder sein noch begriffen werden kann, zu beweisen suchen, daß der Mensch eine Substanz ist, hat das nur falsche Voraussetzungen zur Grundlage. Denn da die Natur der Materie oder des Körpers schon existiert hat, bevor die Gestalt dieses menschlichen Körpers existiert, kann sie nicht zum menschlichen Körper gehören; denn es ist klar, daß diese Natur nicht immer zur Natur des Menschen gehören konnte, zu der Zeit nämlich nicht, als der Mensch nicht existierte.

[5] Was sie als Grundregel aufstellen, daß zur Natur eines Dinges das gehöre, ohne das das Ding weder existieren noch begriffen werden kann, weisen wir zurück. Denn wir haben schon bewiesen, daß ohne Gott kein Ding existieren oder begriffen werden kann. Das heißt, Gott muß schon existieren und begriffen werden, bevor all die besonderen Dinge existieren und begreifbar sind. Auch haben wir dargetan, daß die Gattungen nicht wesentlich zu einer Definition gehören, daß aber solche Dinge, die nicht ohne andere existieren können, auch nicht ohne diese begriffen werden können. Da dem so ist, welche Regel stellen wir auf, nach der man wissen wird, was zur Natur eines Dinges gehört?

Die Regel ist diese: Nicht nur gilt, daß zur Natur eines Dinges das gehört, ohne das das Ding weder existieren noch

15. Weil die Seele aber ein Modus in der denkenden Substanz ist, hätte sie auch diese, so wie dasjenige der Ausdehnung, erkennen und lieben können und durch Vereinigung mit diesen Substanzen (die immer dieselben bleiben) sich selbst ewig machen können.

begriffen werden kann, sondern auch der immer umkehrbare Satz, daß also das von dem Ding Ausgesagte auch nicht existieren oder begriffen werden kann ohne das Ding.

Von den Modi, aus denen der Mensch besteht, wollen wir nun zu Beginn des folgenden ersten Kapitels handeln.

ERSTES KAPITEL

Über Meinung, Überzeugung und Wissen *

[1] Zu den Modi[18], aus denen der Mensch besteht, werden wir zunächst sagen, was sie sind, und dann ihre Wirkungen und drittens ihre Ursache angeben. Was den ersten Punkt angeht, wollen wir mit denen beginnen, die uns als erste bekannt sind; es sind einige Begriffe oder das Bewußtsein, uns selbst und Dinge außer uns in bestimmter Weise zu erkennen.

[2] Wir empfangen diese Begriffe einmal einfach durch Glauben[19] (der entweder aus Erfahrung oder aus Hörensagen entsteht), bekommen sie zum anderen durch Überzeugung oder haben sie schließlich durch klare und deutliche Erkenntnis. Die erste Form ist gewöhnlich dem Irrtum unterworfen, die zweite und dritte hingegen können sich, obschon sie unterschiedlich sind, nicht versehen.

[3] Um das deutlicher zu verstehen, geben wir ein Beispiel, das * der Regel de tri entnommen ist. Jemand hat einfach sagen gehört, daß man, wenn man in der Regel de tri die zweite Zahl mit der dritten multipliziert und dann durch die erste teilt, eine vierte Zahl herausfindet, die in demselben Verhältnis zur dritten steht wie die zweite zur ersten. Und ungeachtet dessen, daß derjenige, der ihm das so angab, lügen konnte,

[18] Die Modi, aus denen der Mensch besteht, sind Begriffe, unterteilt in Meinung, Überzeugung und klare und deutliche Erkenntnis, verursacht von den Gegenständen, jeder gemäß deren Art.

[19] Die Begriffe dieser Form von Glauben sind zuerst auf S. 55 dargelegt und werden dort, wie auch hier, Meinung genannt, was der Glaube ja auch ist.

hat er doch sein tägliches Tun danach gerichtet, und zwar ohne von der Regel de tri mehr Kenntnis zu haben als der Blinde von der Farbe. Er hat somit alles, was immer er dazu geäußert haben mag, hergesagt wie der Papagei, der das, was man ihm beigebracht hat, nachplappert.

Ein anderer, schneller von Begriff, läßt sich nicht mit Hörensagen abfertigen, sondern überprüft die Sache an einigen besonderen Rechnungen, und wenn er findet, daß diese mit ihr übereinkommen, schenkt er der Sache Glauben. Aber mit Recht haben wir gesagt, daß auch dieser Mensch dem Irrtum unterworfen ist, denn wie kann er denn sicher sein, daß die Erfahrung einiger besonderer Fälle ihm eine Regel für alle Fälle geben kann?

Ein dritter, unzufrieden sowohl mit Hörensagen, weil es trügen kann, wie mit der Erfahrung bloß einzelner Fälle, weil sie keine Regel sein kann, befragt die wahre Vernunft, die, richtig gebraucht, noch niemals getrogen hat. Sie sagt ihm, daß es durch die Eigenschaft der Proportionalität bei diesen Zahlen so ist und niemals anders hat sein oder herauskommen können.

Ein vierter indessen, der die klarste Erkenntnis hat, hat nichts dergleichen vonnöten, weder aus Hörensagen noch aus Erfahrung noch aus der Kunst des Vernunftschlusses, weil er durch seine Intuition die Proportion und alle Rechnungen unmittelbar sieht.

ZWEITES KAPITEL

Was Meinung, Überzeugung und klare Erkenntnis ist

[1] Wir werden jetzt von den Wirkungen der verschiedenen im vorigen Kapitel genannten Erkenntnisarten handeln und noch einmal im Vorbeigehen sagen, was Meinung, Überzeugung und klare Erkenntnis ist.

[2] Meinung nennen wir die erste Art, weil sie dem Irrtum unterworfen ist und sich niemals einstellt, wenn wir einer Sache sicher sind, sondern immer nur dort, wo es um Vermuten und Annehmen geht.

Überzeugung nennen wir die zweite Art, weil die allein mit der Vernunft erfaßten Dinge von uns nicht eingesehen, sondern nur erfaßt werden durch eine verstandesmäßige Überzeugung, die uns sagt, daß es so und nicht anders sein muß.

Klare Erkenntnis nennen wir aber die Art, die sich nicht auf eine vernunftgemäße Überzeugung stützt, sondern in einem Fühlen und Genießen der Sache selbst besteht und darin weit über die anderen Erkenntnisarten hinausreicht.

[3] Dies vorausgeschickt, wollen wir zu ihren Wirkungen kommen, worüber wir folgendes sagen: Aus der ersten Erkenntnisart gehen alle Leidenschaften hervor, die der gesunden Vernunft widerstreiten, aus der zweiten die guten Begierden und aus der dritten die wahrhafte und aufrichtige Liebe mit all dem, was sie hervorbringt.

[4] Klar ist aber, daß es die Erkenntnis in der Seele ist, die wir als nächste Ursache aller Leidenschaften annehmen. Denn wir halten es für ganz unmöglich, daß jemand, der in den vorhin genannten Erkenntnisarten nichts erfassen oder erkennen würde, zu Liebe oder Begierde oder irgendwelchen anderen Formen des Wollens überhaupt gebracht werden könnte.

DRITTES KAPITEL

Ursprung der Leidenschaften. Über Leidenschaften aus Meinung

[1] Jetzt wollen wir entsprechend unserer Behauptung sehen, wie die Leidenschaften aus der Meinung entstehen. Um dies richtig und nachvollziehbar zu tun, nehmen wir einige besondere Leidenschaften, um an ihnen unsere These beispielhaft zu beweisen.

[2] Nehmen wir also Verwunderung als erstes [Beispiel]. Sie findet sich bei dem, der die Dinge auf die erstgenannte Weise erkennt. Denn weil er aus einigen besonderen Fällen einen Schluß[20] zieht, der allgemein ist, ist er überrascht, sobald er

[20] Das ist nicht so zu verstehen, daß der Verwunderung immer

etwas sieht, was gegen seinen Schluß geht, wie jemand, der nie andere Schafe gesehen hat als solche mit kurzem Schwanz, sich wundert über die marokkanischen Schafe, die einen langen Schwanz haben. So erzählt man von einem Bauern, der sich weisgemacht hatte, es gebe außer seinen Feldern keine anderen, und, als er einmal eine Kuh vermißte und genötigt war, sie anderswo weit weg zu suchen, in Verwunderung geriet, daß außer seinem bißchen Feld noch so viele andere Felder da waren.

[3] Und sicher muß dies auch vielen Philosophen passieren, die sich weisgemacht haben, es gebe außer ihrem Feldchen oder Erdkügelchen, auf dem sie wohnen (weil sie nichts anderes betrachteten) keine weiteren. Nie gibt es jedoch Verwunderung bei dem, der wahre Schlüsse zieht. Soviel zu dieser Leidenschaft.

[4] Als zweites jetzt zu Liebe. Da sie entweder aus wahren Begriffen oder aus Meinungen oder endlich auch aus einfachem Hörensagen hervorgeht, wollen wir zuerst sehen, wie sie aus der Meinung, und dann, wie sie aus den Begriffen hervorgeht (denn im ersten Fall geht sie auf unser Verderben, im zweiten auf unser höchstes Heil); und schließlich, wie sie dem Hörensagen entspringt.

ein formeller Schluß vorhergehen müßte; sie tritt auch ohne ihn ein, wenn wir nämlich stillschweigend vermuten, daß die Sache so ist, wie wir sie zu sehen, zu hören oder zu verstehen usw. gewohnt sind. So schloß zum Beispiel Aristoteles aus dem Satz „Der Hund ist ein bellendes Tier" auf den Satz „Alles, was bellt, ist ein Hund"; jedoch versteht ein Bauer, wenn er „ein Hund" sagt, stillschweigend genau dasselbe wie Aristoteles mit seiner Definition. Deshalb sagt der Bauer, wenn er bellen hört, „ein Hund", so daß, hört man einmal ein anderes Tier bellen, er, der keinen Schluß gezogen hat, gerade so verwundert dastünde wie Aristoteles, der ihn gezogen hatte. Wenn wir im übrigen etwas entgegen unserer Erwartung [mit Verwunderung] wahrnehmen, ist das nicht so, daß wir dergleichen nicht zuvor schon im ganzen oder zum Teil gekannt hätten, sondern es ist lediglich etwas, was nicht in allem so wie erwartet beschaffen war oder von dem wir in dieser Weise jemals affiziert worden sind, usw.

[6] Bei der ersten Form von Liebe ist es so, daß immer dann, wenn jemand etwas Gutes sieht oder zu sehen meint, er dazu neigt, sich mit ihm zu vereinigen, und es wegen des darin bemerkten Guten als das für ihn Beste wählt, neben dem er nichts Besseres oder Anziehenderes anerkennt. Wenn es dann aber geschieht (wie meistens bei diesen Dingen), daß er etwas Besseres als das ihm gegenwärtig Gute kennenlernt, wendet sich seine Liebe sofort von dem ersten zu dem anderen, was wir klarer darlegen werden, wenn wir von der Freiheit des Menschen sprechen.

[7] Weil hier nicht der Ort ist, von der Liebe, die den wahren Begriffen entspringt, zu sprechen, lassen wir dies hier und erinnern nur an die dritte Form der Liebe, also an die Liebe, die von einfachem Hörensagen kommt.

[5] Sie beobachten wir gewöhnlich bei Kindern gegenüber ihrem Vater, die, weil der Vater dieses oder jenes gut nennt, ebenfalls dazu neigen, ohne darüber mehr zu wissen. Das sehen wir auch bei Leuten, die aus Liebe zum Vaterland ihr Leben lassen, und auch bei denen, die etwas reden gehört haben und dazu kommen, es allein deshalb zu lieben.

[8] Haß dann, das genaue Gegenteil von Liebe, entspringt jenem Irrtum, der aus der Meinung hervorgeht. Denn wenn jemand geschlossen hat, etwas sei gut, und ein anderer schädigt es, dann entsteht in ihm Haß gegen den Täter, ein Haß, der nie in ihm auftreten würde, würde er das wahrhafte Gut kennen, wie wir später erläutern werden. Denn alles, was ist oder gedacht wird, ist verglichen mit dem wahrhaften Gut nur das Elend selbst; und ist so ein Elender nicht viel eher erbarmens- als hassenswürdig? Haß kommt schließlich auch vom bloßen Hörensagen, wie wir es bei den Türken gegen die Juden und Christen sehen, bei den Juden gegen die Türken und Christen, bei den Christen gegen die Juden und Türken usw. Wie unwissend sind doch hier die einen über die Religion und Gepflogenheit der anderen!

[9] Ob Begierde, wie einige wollen, in dem Verlangen oder Begehren besteht, zu bekommen, was einem fehlt, oder, wie andere wollen, darin, die Dinge, die wir bereits genießen, zu erhal-

ten[21], sicher ist, daß sie immer unter dem Aspekt des Guten entsteht. *

[10] Demnach ist klar, inwiefern Begierde geradeso wie die Liebe, von der vorher die Rede war, aus der ersten Erkenntnisart hervorgeht. In der Tat, wenn jemand von einem Ding gehört hat, daß es gut sei, bekommt er Verlangen und Begehren nach ihm, wie man das bei einem Kranken sieht, der bloß dadurch, daß er den Arzt sagen hört, dieses oder jenes Heilmittel sei gut gegen sein Leiden, sogleich von diesem Mittel angezogen wird.

Ein Begehren entsteht auch aus Erfahrung, wie man das in der Praxis der Ärzte sieht, die, wenn sie ein bestimmtes Heilmittel einige Male gut gefunden haben, es als eine unfehlbare Sache anzusehen pflegen.

[11] Was wir von diesen Leidenschaften gesagt haben, können wir von allen anderen sagen, wie für jeden klar ist. Und weil wir im folgenden untersuchen werden, welche Leidenschaften für uns vernünftig sind und welche unvernünftig, wollen wir es hierbei belassen und dem nichts weiter hinzufügen.

VIERTES KAPITEL

Was aus Überzeugung hervorgeht, und über das Gute und Schlechte beim Menschen

[1] Nachdem wir im vorigen Kapitel dargelegt haben, wie die Leidenschaften aus dem der Meinung innewohnenden Irrtum hervorgehen, wollen wir hier die Wirkungen der beiden anderen Erkenntnisarten betrachten und zunächst derjenigen, die wir Überzeugung[22] genannt haben.

[21] Die erste Definition ist die bessere, denn wenn wir das Ding genießen, hört die Begierde auf; die in uns verbleibende Neigung, das geliebte Ding zu behalten, ist nicht Begierde, sondern Furcht, es zu verlieren.

[22] Überzeugung ist eine kraftvolle Bezeugung aus Gründen, durch die ich in meinem Verstand überzeugt bin, daß das Ding außerhalb von ihm in Wahrheit existiert und zwar genau so, wie

[2] Sie zeigt uns zwar, worauf ein Ding bezogen sein muß, aber nicht, was es wahrhaft ist. Und das ist der Grund, weshalb sie uns nie dazu bringt, uns mit dem Ding, von dem wir überzeugt sind, zu vereinigen. Sie informiert uns also nur über diesen Bezug des Dinges und nicht darüber, was es ist, was, sage ich, ein großer Unterschied ist. In unserem Beispiel der Regel de tri: Wenn jemand durch Proportionalität eine vierte Zahl ausfindig machen kann, die mit der dritten so übereinkommt wie die zweite mit der ersten, dann kann er (nach Anwendung von Division und Multiplikation) sagen, die vier Zahlen müßten proportional sein; und obgleich das richtig ist, spricht er davon trotzdem wie von einer ihm äußeren Sache. Aber wenn er dazu kommt, die Proportion so zu betrachten, wie wir es im vierten Beispiel dargetan haben, dann sagt er mit Wahrheit, daß die Sache so ist, weil sie dann in ihm und nicht außerhalb von ihm ist. Soweit zum ersten Punkt.

[3] Die zweite Wirkung der Überzeugung ist, daß sie uns zu einem klaren Begreifen bringt, durch das wir Gott lieben und das uns die Dinge, die nicht in uns, sondern außerhalb von uns sind, verstandesmäßig wahrnehmen läßt.

[4] Die dritte Wirkung ist, daß sie uns die Erkenntnis des Guten und Schlechten verschafft und uns all die Leidenschaften anzeigt, die zu unterdrücken sind. Und angesichts unserer

ich davon in meinem Verstand überzeugt bin. Eine „kraftvolle Bezeugung aus Gründen“, sage ich, um sie dadurch sowohl von der Meinung, die immer zweifelhaft und dem Irrtum unterworfen ist, zu unterscheiden als auch von dem Wissen, das nicht in einer Überzeugung aus Gründen besteht, sondern in einer unmittelbaren Vereinigung mit dem Ding selbst. Daß das Ding außerhalb meines Verstandes „in Wahrheit existiert und genau so, wie“, sage ich hinsichtlich „in Wahrheit“, weil mich die Gründe dabei nicht trügen können, denn sonst wären sie nicht von der Meinung verschieden; hinsichtlich „genau so, wie“, weil sie mir nur sagen kann, worauf das Ding bezogen sein muß, und nicht, was es wahrhaft ist, denn sonst wäre sie nicht vom Wissen verschieden; hinsichtlich „außerhalb“, weil sie als Akt des Verstandes uns nicht das, was in uns, sondern außerhalb von uns ist, genießen läßt.

These, daß die Leidenschaften, die aus der Meinung entstehen, großem Übel ausgesetzt sind, ist es der Mühe wert, zu betrachten, wie diese Leidenschaften unter dem Aspekt von gut und schlecht bei der zweiten Erkenntnisart durchkommen. Um das in geeigneter Weise zu tun, laßt sie uns nach derselben Methode wie vorher näher untersuchen, um so diejenigen zu erkennen, an die wir uns halten müssen, wie auch diejenigen, die wir zu verwerfen haben. Doch laßt uns zunächst kurz sagen, was das Gute und was das Schlechte beim Menschen ist.

[5] Wir haben zuvor schon gesagt, daß alle Dinge notwendig sind und es in der Natur nicht gut und schlecht gibt. Daher muß alles, was wir vom Menschen fordern, für seine Gattung gelten, die nur ein Gedankending ist. Wenn wir also in unserem * Verstand die Idee eines vollkommenen Menschen gebildet haben, könnte uns das veranlassen zu sehen (indem wir uns selbst untersuchen), ob es in uns irgendein Mittel gibt, das uns zu einer solchen Vollkommenheit führt.

[6] Unter diesem Aspekt werden wir alles, was uns zu dieser Vollkommenheit fortschreiten läßt, gut nennen und im Gegensatz dazu schlecht, was uns daran hindert, also uns nicht fortschreiten läßt.

[7] Ich muß also, sage ich, wenn ich etwas über gut und schlecht beim Menschen erzählen will, einen vollkommenen Menschen konstruieren, weil ich sonst, über gut und schlecht bei einem Individuum, zum Beispiel Adam, handelnd, wirkliches Seiendes und Gedankending durcheinander werfen würde, was von einem wahren Philosophen rigoros zu vermeiden ist, und zwar aus Gründen, die wir im weiteren Verlauf oder bei anderer Gelegenheit nennen werden.

[8] Da uns ferner der Zweck des Adam oder irgendeines anderen besonderen Geschöpfes nur über das Ergebnis bekannt ist, muß das, was wir über den Zweck des Menschen sagen können, ebenfalls in unserem Verstand, nämlich in dem Begriff eines vollkommenen Menschen, gegründet sein[23]; denn seinen

[23] In der Tat kann man von keinem besonderen Geschöpf eine Idee, die vollkommen ist, haben; denn was einem Geschöpf an Voll-

Zweck können wir sehr wohl wissen, weil er ein bloßes Gedankending ist, genauso wie die Prädikate gut und schlecht auch nur Modi des Denkens sind.

[9] Um allmählich zur Sache zu kommen: Wir haben zuvor gezeigt, wie die Bewegungen der Seele, ihre Affekte und Handlungen, aus Formen des Begreifens entstehen, die wir vierfach unterteilt haben, in einfaches Hörensagen, in Erfahrung, in Überzeugung und in klare Erkenntnis. Aus den aufgezeigten Wirkungen ist evident, daß die vierte Form, die klare Erkenntnis, die vollkommenste von allen ist. Die Meinung verstrickt uns oft in Irrtum; die Überzeugung ist lediglich als Weg zur wahren Erkenntnis gut, indem sie uns zu den Dingen treibt, die in Wahrheit liebenswert sind; so daß der letzte Zweck, den wir suchen, und das Vorzüglichste, das wir kennen, die wahre Erkenntnis ist.

[10] Doch auch sie, die wahre Erkenntnis, ist nach den Objekten, die sich ihr darbieten, noch unterschiedlich; sie ist um so besser, je besser das Objekt ist, mit dem sie sich vereinigt. Und deshalb ist der Mensch, der sich mit Gott (dem höchstvollkommenen Seienden) vereinigt und ihn in der Vereinigung genießt, am vollkommensten.

[11] Um zu entdecken, was in den Leidenschaften gut und schlecht ist, wollen wir sie, wie gesagt, jede für sich untersuchen, und zwar zuerst die Verwunderung. Sie ist, weil sie aus Unwissenheit oder Vorurteil entsteht, eine Unvollkommenheit in dem Menschen, der dieser Gemütsbewegung unterworfen ist. Ich sage eine Unvollkommenheit, weil die Verwunderung durch sich selbst noch kein Übel mit sich bringt.

kommenheit zukommt, ob in Wahrheit oder nicht, kann nur einer Idee von Vollkommenheit entnommen werde, die allgemein ist, also einem Gedankending.

FÜNFTES KAPITEL
Über Liebe

[1] Liebe, die allein darin besteht, ein Ding zu genießen und mit ihm vereinigt zu sein, teilen wir nach der Beschaffenheit ihres Objekts ein, des Objekts also, das zu genießen und mit dem sich zu vereinigen der Mensch bestrebt ist.

[2] Einige Objekte sind in sich selbst vergänglich, einige sind von ihrer Ursache her nicht vergänglich, ein anderes aber, und nur es, ist durch eigene Kraft und Macht ewig und unvergänglich.

Vergängliche Objekte sind alle besonderen Dinge, die nicht von jeher existiert haben, die also einen Anfang genommen haben.

Die an zweiter Stelle genannten Objekte sind all jene Modi, die wir Ursache der besonderen Modi genannt haben.

Das dritte Objekt aber ist Gott oder, was wir für ein und dasselbe nehmen, die Wahrheit.

[3] Liebe entsteht also aus Erkenntnis, nämlich aus dem Begriff, den wir von einem Ding haben, und als je größer und herrlicher ein Ding sich erweist, desto größer ist die Liebe in uns.

[4] Auf zweierlei Weise haben wir die Macht, uns der Liebe zu entschlagen: entweder durch die Erkenntnis eines besseren Dinges oder durch die Erfahrung, daß das anfangs für groß und herrlich gehaltene und deshalb geliebte Ding viel Unheil und Unglück mit sich bringt.

[5] Eigenart der Liebe ist, daß wir nie trachten, uns von ihr (so wie von der Verwunderung und anderen Leidenschaften) zu befreien, und dies aus zwei Gründen: 1. weil es unmöglich ist, 2. weil es notwendig ist, daß wir nicht von ihr befreit werden.

Unmöglich, weil das nicht von uns abhängt, sondern allein von dem Guten und Nützlichen, das wir in dem Objekt bemerken; es hätte, wenn wir es nicht lieben wollten, notwendigerweise uns zuvor nicht bekannt sein müssen, was nicht in unserem freien Belieben liegt, also nicht von uns abhängt. Denn würden wir nichts erkennen, wären wir selbst sicherlich auch nichts.

Notwendig (nicht von ihr befreit zu werden), weil wir, infolge der Schwachheit unserer Natur, nicht existieren könnten, ohne etwas zu genießen, mit dem wir uns vereinigen und durch das wir uns stärken.

[6] Welche dieser drei Formen von Objekt haben wir also zu suchen und welche zu verwerfen? Was die vergänglichen Dinge angeht (wir müssen ja, wie gesagt, wegen der Schwachheit unserer Natur zwangsläufig etwas lieben und uns damit vereinigen, um zu existieren), ist klar, daß wir uns durch die Liebe zu ihnen und die Vereinigung mit ihnen in unserer Natur keineswegs stärken, da diese Dinge ja selbst schwach sind und der eine Lahme den anderen nicht tragen kann. Darüber hinaus sind sie uns nicht nur nicht förderlich, sondern sogar schädlich. Denn Liebe ist, wie gesagt, eine Vereinigung mit dem Objekt, das unser Verstand für herrlich und gut erachtet, und darunter verstehen wir eine Vereinigung, durch die Liebender und Geliebter zu ein und demselben Ding werden, anders gesagt, zusammen ein Ganzes ausmachen. Wer sich mit irgendwelchen vergänglichen Dingen vereinigt, ist also sehr unglücklich. Denn weil solche Dinge nicht in seiner Macht sind und vielen Zufällen unterworfen, kann er, wenn sie Schaden erleiden, unmöglich davon frei bleiben. Daraus schließen wir: Wenn wer vergängliche Dinge, welche wenigstens einige Essenz haben, liebt, schon so unglücklich ist, wie unglücklich wird dann wohl sein, wer Ruhm, Reichtum und lustvolles Vergnügen, die überhaupt keine Essenz haben, liebt!

[7] Um zu zeigen, wie die Vernunft lehrt, uns von den vergänglichen Dingen fernzuhalten, mag das genügen. Denn mit dem Gesagten ist uns das Gift und Schlechte, das in der Liebe zu diesen Dingen steckt und aus ihr hervorgeht, klar aufgezeigt. Unvergleichlich klarer sehen wir es freilich, wenn wir entdekken, von welch einem herrlichen und vortrefflichen Gut uns der Genuß solcher Dinge fernhält.

[8] Wir haben vorhin gesagt, daß die Dinge, die vergänglich sind, nicht in unserer Macht stehen. Man verstehe das richtig: Wir wollen nicht sagen, daß wir eine freie, von nichts anderem

abhängende Ursache sind. Vielmehr, wenn wir sagen, einige Dinge sind in und andere außer unserer Macht, dann verstehen wir unter Dingen, die in unserer Macht stehen, solche, die wir gemäß der Ordnung der Natur oder zusammen mit der Natur, von der wir ein Teil sind, hervorbringen; und unter denen, die nicht in unserer Macht stehen, solche, die, außer uns seiend, von unserer Seite keiner Modifikation unterliegen, weil sie unserer von der Natur so bestimmten Wesensart sehr fern sind. *

[9] Jetzt zu den Objekten, die zwar ewig und unvergänglich sind, aber nicht aus eigener Kraft. Schnell entdecken wir, daß sie genau die Modi sind, die von Gott unmittelbar abhängen. In diesem Charakter können wir sie aber nicht begreifen, wenn wir hierfür nicht einen Begriff von Gott haben, in dem unsere Liebe notwendigerweise ruhen muß, weil er vollkommen ist. Mit einem Wort: Wenn wir unseren Verstand richtig gebrauchen, können wir unmöglich davon absehen, Gott zu lieben.

[10] Die Gründe hierfür sind klar. 1. Weil wir erfahren, daß allein Gott das Sein [durch sich selbst] hat, während alle anderen Dinge nicht Seiende [durch sich selbst] sind, sondern bloße Modi. Angesichts dessen, daß die Modi nicht richtig begriffen werden können ohne das Seiende, von dem sie unmittelbar abhängen, und weil (wie schon bewiesen) wir, etwas liebend, sobald wir ein besseres Ding als das zuvor geliebte kennenlernen, sogleich diesem, das erste aufgebend, zufallen, folgt unausweichlich: Wenn wir zur Erkenntnis Gottes, der, er allein, alle Vollkommenheit in sich hat, gelangen, müssen wir ihn notwendigerweise lieben.

[11] 2. Wenn wir unseren Verstand im Erkennen der Dinge richtig gebrauchen, müssen wir die Dinge in ihren Ursachen erkennen. Da Gott erste Ursache aller anderen Dinge ist, gilt auch für die Erkenntnis Gottes, daß sie von der Sache her der Erkenntnis aller anderen Dinge vorangeht, muß diese doch aus der Erkenntnis der ersten Ursache folgen. Und die wahrhafte Liebe entspringt immer der Erkenntnis, daß ihr Gegenstand herrlich und gut ist. Was kann daraus folgen, wenn nicht dies, daß die Liebe sich auf nichts stärker werfen kann als auf den

Herrn unseren Gott? Denn er allein ist herrlich und ein vollkommenes Gut.

[12] So sehen wir also, wie wir die Liebe machtvoll werden lassen, und auch, wie sie nur in Gott ruhen muß. Was wir über Liebe noch zu sagen hätten, werden wir bei Behandlung der letzten Erkenntnisart zu tun suchen. Im Folgenden wollen wir unserem vorigen Versprechen gemäß untersuchen, an welche Leidenschaften wir uns zu halten und welche wir zu verwerfen haben.

SECHSTES KAPITEL
Über Haß

[1] Haß ist die Neigung, von uns abzuwehren, was uns ein Übel verursacht hat. Hierbei ist zu bemerken, daß wir unsere Handlungen auf zweierlei Weise vollbringen, nämlich getragen von Leidenschaften oder ohne sie. Mit Leidenschaft, wie man es gewöhnlich bei Herren gegen ihre Knechte, die etwas schlecht gemacht haben, sieht, was sehr oft nicht ohne Zorn geschieht. Ohne Leidenschaft, wie man von Sokrates berichtet, der, genötigt seinen Knecht zu dessen Besserung zu strafen, so lange nichts getan hat, wie er sich in seinem Gemüt gegen ihn aufgebracht fand.

[2] Weil wir sehen, daß unsere Handlungen mit oder ohne Leidenschaft vollbracht werden, ist auch klar, daß wir Dinge, die uns im Wege stehen oder gestanden haben, nötigenfalls zurückweisen können, ohne uns dabei zu entrüsten. Was ist also besser, den Dingen mit Aversion und Haß zu entfliehen oder sie kraft der Vernunft ohne Entrüstung des Gemüts (denn das halten wir für möglich) zu ertragen? Zunächst, wenn wir die Dinge, die wir zu tun haben, ohne Leidenschaft vollbringen, kann daraus sicherlich nichts Schlechtes hervorgehen. Und da es zwischen gut und schlecht kein Mittleres gibt, muß es, wenn es schlecht ist, mit Leidenschaft zu handeln, offenbar gut sein, ohne sie zu handeln.

[3] Überprüfen wir also, ob etwas Schlechtes daran ist, den Dingen mit Haß und Abneigung zu entfliehen. Sicherlich muß

der Haß, der einer Meinung entspringt, in uns nicht auftreten, weil wir wissen, daß dasselbe Ding manchmal gut, manchmal schlecht für uns ist, wie es bei Arzneikräutern immer der Fall ist. Es kommt letztlich darauf an, ob der Haß in uns aus bloßer Meinung oder auch aus vernünftiger Erwägung entsteht. Um dies herauszufinden, ist es wohl ratsam, deutlich zu erklären, was Haß ist und ihn treffend von Abneigung zu unterscheiden.

[4] Haß, sage ich, ist eine Erregtheit in der Seele gegen jemanden, der uns wissentlich und willentlich Schlechtes zugefügt hat. Abneigung liegt vor, wenn diese Erregtheit durch die Schädlichkeit eines Dinges hervorgerufen wird, von der wir wissen oder glauben, daß sie dem Ding von Natur aus innewohnt. Ich sage „von Natur aus"; wenn wir das nämlich nicht glauben, sind wir gegen es nicht aufgebracht, selbst wenn wir von ihm irgendeine leidvolle Beeinträchtigung erfahren haben, haben wir doch im Gegenteil irgendwelchen Nutzen von ihm erwartet, wie jemand, der von einem Stein oder Messer verletzt wurde, deshalb keine Aversion gegen sie hat.

[5] Nach diesen Feststellungen wollen wir kurz die Wirkung dieser beiden Leidenschaften betrachten. Aus Haß geht Trauer hervor, und wenn er groß ist, Zorn, der nicht nur, wie der Haß, dazu treibt, das Gehaßte zu meiden, sondern auch, wenn es geht, zu vernichten, und ihm entspringt auch Neid. Aber auch aus Abneigung geht eine bestimmte Trauer hervor, weil wir uns von etwas freizumachen trachten, das, schlicht weil es existiert, immer auch seine Essenz und Vollkommenheit haben muß.

[6] Aus dem Gesagten kann man leicht erkennen, daß wir bei richtigem Gebrauch unserer Vernunft weder Haß noch Abneigung gegen irgendein Ding haben können, weil wir uns mit einer solchen Einstellung der Vollkommenheit, die in jedem Ding ist, berauben. Und die Vernunft läßt uns auch sehen, daß * wir niemals Haß gegen eine Person haben können, weil wir alles, was in der Natur ist, wenn wir etwas davon erwarten, immer zum Besseren verändern müssen, sei es zu unserem eigenen Nutzen, sei es um des anderen willen.

[7] Und weil ein vollkommener Mensch das Beste ist, was wir kennen, ihn in seiner Gegenwart vor Augen habend, ist es für uns wie auch für jeden Menschen das weitaus Beste, jederzeit danach zu trachten, die Menschen zu einem vollkommenen Zustand zu führen. Denn erst dann können wir von ihnen und sie von uns die größten Früchte haben. Das Mittel dazu ist, sie immer so zu betrachten, wie es unser gutes Gewissen lehrt und empfiehlt; es treibt uns nämlich nie in unser Verderben, sondern immer zu unserem Heil.

[8] Abschließend sagen wir, daß Haß und Abneigung so viel an Unvollkommenheit in sich haben, wie andererseits Liebe an Vollkommenheit in sich hat. Liebe ruft in der Tat immer Verbesserung, Stärkung und Vermehrung hervor, d.h. Vollkommenheit; Haß dagegen ist immer auf Verwüstung, Schwächung und Vernichtung aus, die Unvollkommenheit schlechthin.

SIEBENTES KAPITEL
Über Freude und Trauer *

[1] Nachdem wir diese Beschaffenheit von Haß und Abneigung erkannt haben, können wir ohne weiteres sagen, daß sie nie bei denen auftreten können, die ihren Verstand gehörig gebrauchen, und wollen jetzt in derselben Weise von den anderen Leidenschaften sprechen. Zuerst von Begierde und Freude. Da sie denselben Ursachen entspringen, aus denen Liebe hervorgeht, genügt es, sich ins Gedächtnis zu rufen, was wir damals gesagt haben, womit wir es denn hier bewenden lassen.

[2] Ihnen sei Trauer hinzugefügt, von der wir zu sagen wagen, daß sie ausschließlich der Meinung und der daraus entstandenen Illusion entspringt, weil sie aus dem Verlust eines Guten entsteht. Nun haben wir früher gesagt, all unser Tun müsse auf Steigerung und Verbesserung abzielen. Es ist aber sicher, daß wir, solange wir betrübt sind, uns dazu unfähig machen, weshalb es nötig ist, uns von Trauer zu befreien. Das kann gelingen, wenn wir an Mittel denken, das Verlorene wieder

zu bekommen, soweit es in unserer Macht steht; wenn nicht, ist es doch nötig, uns von ihr zu befreien, um nicht in all das Übel zu verfallen, das Trauer zwangsläufig mit sich bringt. Und in beiden Fällen müssen wir es mit Freude tun; denn es ist töricht, ein verlorenes Gut dadurch wiederherstellen und sicherer machen zu wollen, daß wir nach einem Übel verlangen und es uns selbst zufügen.

[3] Schließlich ist es für denjenigen, der seinen Verstand gut gebraucht, unerläßlich, vor allem Gott zu erkennen; denn er ist, wie wir bewiesen haben, das höchste Gut und der Inbegriff aller Güter. Also folgt zweifelsfrei, daß wer seinen Verstand gut gebraucht, in keine Trauer verfallen kann. Wie könnte er auch? Er ruht in dem Gut, das das ganze Gut ist und in dem alle Freude und die Zufriedenheit der Fülle ist. Meinung oder Unverstand sind es also, wie gesagt, aus denen Trauer hervorgeht.

ACHTES KAPITEL

Über Hochschätzung und Geringschätzung usw. *

[1] Jetzt wollen wir von Hochschätzung und Geringschätzung, von Edelmut und Demut, von Hochmut und Kleinmut reden. Um genau zu bestimmen, was in ihnen gut und schlecht ist, wollen wir sie nacheinander untersuchen.

[2] Hochschätzung und Geringschätzung beziehen sich auf das, was wir als groß oder gering in einem Ding ansehen, sei es daß dieses Große oder Geringe in uns, sei es daß es außer uns ist.

[3] Edelmut ist nur in uns und findet sich nur bei dem, der seine Vollkommenheit in richtiger Einschätzung, leidenschaftslos und unabhängig von aller Selbstüberschätzung, kennt.

[4] Demut ist in dem, der seine Unvollkommenheit, unabhängig von aller Selbstverachtung, kennt, und sie ist ebenfalls nur in dem Demütigen selbst.

[5] Hochmut ist in dem, der sich eine Vollkommenheit zuschreibt, die in ihm nicht zu finden ist.

[6] Kleinmut ist in dem, der sich eine Unvollkommenheit zuschreibt, die ihm nicht eigen ist. Ich spreche dabei nicht von

Heuchlern, die sich, um andere zu täuschen, demütigen, ohne es zu meinen, sondern bloß von solchen, die an die Unvollkommenheit, die sie sich zuschreiben, wirklich glauben.

[7] Aus diesen Bemerkungen erhellt zur Genüge, was an Gutem und Schlechtem jede dieser Leidenschaften in sich hat. Edelmut und Demut geben ihre Vortrefflichkeit durch sich selbst zu erkennen. Wer sie nämlich besitzt, sagen wir, kennt die eigene Vollkommenheit und Unvollkommenheit nach ihrem richtigen Wert, und das ist der Vernunft nach das vorzüglichste Mittel, zu unserer Vollkommenheit zu gelangen. Wenn wir nämlich unsere Macht und Vollkommenheit richtig kennen, sehen wir klar, was wir zu tun haben, um zu unserem guten Ziel zu gelangen. Und wenn wir unser Gebrechen und unsere Ohnmacht kennen, sehen wir andererseits, was zu vermeiden ist.

[8] Bei Hochmut und Kleinmut läßt schon ihre Definition erkennen, daß sie aus bestimmten Illusionen entstehen; denn Hochmut wird, wie wir sagten, dem zugesprochen, der sich eine Vollkommenheit zuschreibt, die ihm nicht eigen ist, und Kleinmut ist das genaue Gegenteil davon.

[9] Aus dem Gesagten wird deutlich, daß, wie Edelmut und wahre Demut gut und heilsam sind, umgekehrt Hochmut und Kleinmut, der eine verwerfliche Demut ist, schlecht und verderblich sind. Denn die einen bringen nicht nur den, der sie hat, in einen vorzüglichen Zustand, sondern sind auch die rechte Leiter, auf der wir zu unserem höchsten Heil emporsteigen, während die anderen uns nicht nur hindern, zu unserer Vollkommenheit zu gelangen, sondern uns auch ganz und gar ins Verderben bringen. Die verwerfliche Demut hindert uns zu tun, was wir tun müßten, um vollkommen zu werden, wie wir es bei den Skeptikern sehen, die mit ihrem Leugnen, daß der Mensch irgendwelche Wahrheit erkennen könne, sich selbst der Wahrheit berauben. Hochmut läßt uns Dinge in Angriff nehmen, die geradewegs in unser Verderben führen, wie man es bei all denen sieht, die gewähnt haben und wähnen, mit Gott wunder wie gut zu stehen, und, keine Gefahr fürchtend und allem vertrauend, Feuer und Wasser trotzen und so elendig zu Tode kommen.

[10] Zu Hochschätzung und Geringschätzung reicht es, sich ins Gedächtnis zu rufen, was wir weiter oben über Liebe gesagt haben.

NEUNTES KAPITEL
Über Hoffnung, Furcht usw.

[1] Von Hoffnung und Furcht, von Zuversicht, Verzweiflung und Bestürzung, von Selbstvertrauen, Kühnheit und Nacheiferung, von Feigheit und Ängstlichkeit werden wir jetzt sprechen. Wir werden wie bisher eine Leidenschaft nach der anderen erörtern und dann zeigen, welche uns schädlich und welche nützlich ist. All das wird sehr leicht sein bei Beachtung unserer Begriffe von dem, was in Zukunft kommt, mag dieses nun gut oder schlecht sein.

[2] Unsere Begriffe hinsichtlich der Sache selbst sind: daß wir Dinge entweder als zufällig, d.h. als Dinge, die geschehen oder nicht geschehen können, betrachten oder als sich notwendigerweise ereignend; hinsichtlich des Erkennenden, dem das Ding etwas [bedeutet]: daß er etwas tun muß, sei es um das Sichereignen des Dinges zu befördern, sei es um es zu verhindern.

[3] Aus diesen Begriffen ergeben sich die genannten Affekte in folgender Weise: Wenn wir von einem zukünftigen Ding erkennen, daß es gut ist und auch eintreten kann, gerät die Seele in den Zustand, den wir Hoffnung nennen und der nichts anderes ist als eine bestimmte Art von Freude, jedoch vermischt mit einiger Trauer.

Wenn wir andererseits das möglicherweise eintretende Ding als schlecht beurteilen, entsteht in der Seele der Zustand, den wir Furcht nennen.

Wenn wir aber das Ding als gut und zudem als notwendigerweise eintretend begreifen, entsteht in der Seele jene Ruhe, die wir Zuversicht nennen, die eine bestimmte Art von Freude ist, ohne, anders als im Fall der Hoffnung, mit Trauer vermischt zu sein.

Wenn wir aber das Ding als schlecht begreifen und als notwendigerweise geschehend, entsteht in der Seele Verzweiflung, die nichts anderes ist als eine bestimmte Art von Trauer.

[4] Nachdem wir in diesem Kapitel bisher von den Leidenschaften im Rückgriff auf eine Definition gesprochen haben, die positiv ist und enthält, was jede von ihnen ist, können wir sie jetzt auch umgekehrt in negativer Weise definieren, nämlich folgendermaßen: Wir hoffen, daß das Schlechte nicht eintreten wird, fürchten, daß das Gute nicht eintreten wird, sind zuversichtlich, daß das Schlechte nicht geschehen wird, und verzweifelt darüber, daß das Gute nicht kommen wird.

[5] Nach den Leidenschaften, die sich aus den Begriffen hinsichtlich der Sache selbst ergeben, haben wir jetzt über die zu sprechen, die aus den Begriffen hinsichtlich dessen, der das Ding erkennt, entstehen, nämlich: Wenn wir handeln müssen, um das Ding hervorzubringen, aber keinen Entschluß dazu fassen, gerät die Seele in den Zustand, den wir Bestürzung nennen. Wenn sie aber energisch beschließt, das Ding hervorzubringen, und dies gemacht werden kann, spricht man von Selbstvertrauen, und wenn es schwer zu vollbringen ist, von Kühnheit oder Tapferkeit.

Wenn aber jemand etwas auszuführen beschließt, weil es einem anderen (der es vor ihm getan hat) gut geglückt ist, nennt man dies Nacheiferung. Wenn jemand weiß, welchen Beschluß er fassen muß, um etwas Gutes zu befördern und etwas Schlechtes zu verhindern, und es doch nicht tut, heißt dies Feigheit, und wenn sie sehr groß ist, Ängstlichkeit. Eifersucht endlich ist die einen Menschen bewegende Unruhe, ob man, was man besitzt und genießt, für sich allein behalten kann.

[6] Aus unserer Kenntnis des Ursprungs dieser Affekte ist leicht anzugeben, welche gut und welche schlecht sind. Hoffnung, Furcht, Zuversicht, Verzweiflung und Eifersucht entstehen sicherlich aus unzureichender Meinung. Denn alle Dinge haben, wie von uns weiter oben bewiesen, ihre notwendige Ursache, müssen also so, wie sie geschehen, notwendigerweise geschehen.

Obwohl auch Zuversicht und Verzweiflung in dieser Ordnung und unverbrüchlichen Folge von Ursachen (in der alles unverbrüchlich und unverrückbar ist) ihre Stelle zu haben scheinen, so ist es bei richtiger Erwägung, was daran wahr ist, doch ganz anders. Denn Zuversicht und Verzweiflung treten niemals ohne vorangegangene Hoffnung und Furcht (von denen sie ja ihr Sein haben) auf. Hält zum Beispiel jemand etwas, was er zu erwarten hat, für gut, gerät seine Seele in den Zustand, den wir Hoffnung nennen, und ist er dieses vermeintlich Guten sicher, erhält die Seele die Ruhe, die wir Zuversicht nennen. Was wir von Zuversicht sagen, ist auch von Verzweiflung zu sagen. Nach dem von uns über Liebe Gesagten können diese Leidenschaften in einem vollkommenen Menschen aber nicht sein. Denn sie setzen Dinge voraus, an die wir uns wegen der veränderlichen Natur, der sie unterliegen (wie bei der Beschreibung von Liebe vermerkt wurde), nicht binden müssen, gegen die wir aber (wie bei der Beschreibung von Haß gezeigt wurde) auch keine Aversion haben müssen, mag auch der Mensch, der diese Leidenschaften hegt, solchen Bindungen und Abhängigkeiten immer unterworfen sein.

[7] Bestürzung, Feigheit und Ängstlichkeit geben ihre Unvollkommenheit durch ihre eigene Art und Natur zu erkennen; denn alles, was sie zu unserem Vorteil beitragen, folgt nur auf negative Weise aus ihrer Natur. Wenn zum Beispiel jemand, der etwas erhofft, was er für gut hält und doch nicht gut ist, infolge seiner Bestürzung oder Feigheit nicht den Mut findet, sich darauf zu richten, dann ist er von dem Schlechten, das er für gut hielt, auf negative Weise oder durch Zufall befreit worden. Diese Leidenschaften können sich deshalb bei einem Menschen, der von wahrer Vernunft geleitet wird, keinesfalls finden.

[8] Über Selbstvertrauen, Kühnheit und Nacheiferung schließlich ist nicht mehr zu sagen als das, was wir schon über Liebe und Haß gesagt haben.

ZEHNTES KAPITEL
Über Gewissensbiß und Reue

[1] Von Gewissensbiß und Reue wollen wir nur kurz reden. Sie sind niemals vorhersehbar; denn der Gewissensbiß kommt immer aus einem Tun, an dem wir später zweifeln, ob es gut oder schlecht war, und die Reue immer daher, daß wir etwas Schlechtes getan haben.

[2] Angesichts des Tatbestandes, daß viele Menschen, die ihren Verstand zwar gebrauchen, sich bisweilen aber (weil ihnen die erforderliche Haltung, ihn immer richtig zu gebrauchen, abgeht), doch irren, könnte man vielleicht meinen, daß ihr Gewissensbiß und ihre Reue sie wieder auf den richtigen Weg bringen würden, und deshalb schließen, wie alle Welt es tut, sie seien gut. Bei genauerer Überlegung finden wir jedoch, daß sie nicht nur nicht gut sind, sondern im Gegenteil schädlich und folglich schlecht. Denn es ist evident, daß wir zur Wahrheit stets besser durch Vernunft und Liebe als durch Gewissensbiß und Reue gelangen. Schädlich und schlecht sind sie, weil sie eine bestimmte Art von Trauer sind, die, wie schon bewiesen, schädlich ist und wir als schlecht von uns fernzuhalten uns bemühen müssen; diese beiden Leidenschaften sind also zu fürchten und zu meiden.

ELFTES KAPITEL
Über Spott und Scherz

[1] Spott und Scherz beruhen auf einer falschen Meinung und lassen im Spottenden und Scherzenden eine Unvollkommenheit erkennen. Auf einer falschen Meinung beruhen sie, weil man meint, wer verspottet wird, sei die erste Ursache seiner Handlungen, und diese hingen nicht notwendigerweise (wie die anderen Dinge in der Natur) von Gott ab. Eine Unvollkommenheit lassen sie erkennen, weil, wer verspottet wird, entweder Spott verdient oder nicht. Wenn nicht, bekundet der Spott einen schlechten Charakter, weil verspottet wird,

was nicht zu verspotten ist. Wenn ja, hat, wer spottet, in dem anderen eine Unvollkommenheit erkannt, die er aber nicht mit Spott, sondern mit guten Vernunftgründen zu verbessern gehalten ist.

[2] Lachen hat keinen Bezug auf den anderen, sondern gibt im Lachenden selbst etwas Gutes zu erkennen; es ist eine bestimmte Art von Freude, so daß darüber nichts anderes zu sagen ist, als schon über Freude gesagt ist. Ich rede hier von einem Lachen, zu dem der Mensch durch eine bestimmte Idee gebracht wird, und keineswegs von dem, das durch die Bewegung der Lebensgeister hervorgerufen wird. Über ein solches Lachen hier zu reden, liegt außerhalb unseres Interesses, weil es keinen Bezug auf gut und schlecht hat.

[3] Zu Neid, Zorn und Entrüstung genügt es, sich an das zu erinnern, was wir weiter oben über Haß gesagt haben.

ZWÖLFTES KAPITEL
Über Ruhm, Scham und Unverschämtheit

[1] Von Ruhm, Scham und Unverschämtheit wollen wir jetzt ebenfalls kurz sprechen. Ruhm ist eine bestimmte Art von Freude, die jeder in sich fühlt, wenn er gewahr wird, daß sein Verhalten von anderen ohne Blick auf den eigenen Vorteil oder Gewinn geachtet und gepriesen wird.

Scham ist eine bestimmte Trauer, die in dem entsteht, der sieht, daß sein Verhalten von anderen ohne Blick auf den eigenen Nachteil oder Schaden verachtet wird.

Unverschämtheit ist nichts weiter, als keine Scham zu haben oder sie von sich zu weisen, nicht aus vernünftiger Überlegung, sondern aus Unkenntnis, wie bei Kindern, Wilden usw., die keine Scham kennen, oder auch, weil man so mißachtet worden ist, daß man sich über alles rücksichtslos hinwegsetzt.

[2] Jetzt, da wir diese Leidenschaften kennen, kennen wir zugleich ihre Eitelkeit und Unvollkommenheit. Denn Ruhmsucht und Scham sind nach dem bei ihrer Definition Bemerkten nicht nur nicht förderlich, sondern auch schädlich und

verwerflich (sofern sie sich auf Eigenliebe und die Meinung gründen, daß der Mensch erste Ursache seiner Handlungen ist und folglich Lob und Tadel verdient).

[3] Ich will damit aber nicht sagen, daß man unter Menschen leben muß, als ob man anderswo lebte, dort, wo Ehre und Scham keinen Platz haben; ich gebe im Gegenteil zu, daß es uns nicht nur freisteht, sich auf sie zu stützen, sofern wir sie zum Nutzen und zur Besserung der Menschen einsetzen, sondern wir es auch unter Begrenzung unserer eigenen (sonst unantastbaren und rechtmäßigen) Freiheit tun können. Wenn zum Beispiel sich jemand kostbar kleidet, um geachtet zu werden, dann sucht er, ohne Hinwendung zu seinen Nächsten, einen Ruhm, der aus bloßer Selbstliebe kommt. Wenn aber jemand seine Weisheit (mit der er seinen Nächsten förderlich sein könnte) verachtet und mit Füßen getreten sieht, weil er ärmlich gekleidet ist, dann tut er gut daran (in der Absicht, den anderen zu helfen), sich mit Kleidung zu versehen, an der sie sich nicht stoßen, wenn er sich also den Mitmenschen anpaßt, um sie für sich zu gewinnen.

[4] Was schließlich die Unverschämtheit anbelangt, ihre bloße Definition zeigt uns schon ihre Häßlichkeit, so daß dies hier genug sein mag.

DREIZEHNTES KAPITEL

Über Gunst, Dankbarkeit und Undankbarkeit

[1] Nun weiter zu Gunst, Dankbarkeit und Undankbarkeit. Die beiden erstgenannten sind eine Neigung der Seele, dem Nächsten etwas Gutes zu gönnen und zu bereiten. „Zu gönnen", sage ich, sofern Gutes dem getan wird, der Gutes getan hat; „zu bereiten", sage ich, sofern wir [es tun, weil wir] selbst etwas Gutes erhalten oder empfangen haben.

[2] Ich weiß sehr wohl, daß die meisten Menschen diese beiden Affekte für gut halten, doch erlaube ich mir gleichwohl zu sagen, daß sie sich bei einem vollkommenen Menschen nicht finden können. Denn ein vollkommener Mensch wird allein durch die Notwendigkeit und kein anderes Motiv dazu ge-

bracht, seinem Nächsten zu helfen, und deshalb sieht er sich genötigt, gerade dem zu helfen, dem es am schlechtesten geht, weil er in ihm mehr Elend und Not sieht.

[3] Undankbarkeit ist eine Mißachtung der Dankbarkeit, so wie Unverschämtheit eine Mißachtung der Scham ist, nicht geleitet von der Vernunft, sondern bloß entsprungen bald dem Geiz, bald einer allzu großen Selbstliebe, weshalb sie sich in einem vollkommenen Menschen nicht finden.

VIERZEHNTES KAPITEL

Über Gram – und vom Guten und Schlechten in den Leidenschaften *

[1] Gram wird das letzte sein, worüber wir in der Abhandlung über die Leidenschaften sprechen und womit wir sie beenden wollen. Gram ist eine bestimmte Art von Trauer, die der Betrachtung von etwas Gutem entspringt, das wir verloren haben, und zwar ohne Hoffnung, es wieder zu bekommen. Er läßt uns seine Unvollkommenheit so sehr erkennen, daß wir mit einfachem Blick auf ihn seiner Schlechtigkeit unmittelbar gewahr werden. Denn es ist schlecht, wie wir schon zuvor bewiesen haben, sich an Dinge zu binden und fesseln, die uns leicht oder irgendeinmal fehlen können und die wir nicht haben können, wenn wir es wollen. Als eine bestimmte Art von Trauer müssen wir ihn meiden, wie wir schon bei unserer Erörterung der Trauer bemerkt haben.

[2] So glaube ich hinreichend gezeigt und bewiesen zu haben, daß allein die Überzeugung, also die Vernunft, uns zur Erkenntnis des Guten und Schlechten bringt. Und wenn wir darlegen, daß die erste und hauptsächliche Ursache all dieser Affekte Erkenntnis ist, wird sich klar ergeben, daß wir bei richtigem Gebrauch unseres Verstandes und unserer Vernunft niemals den Leidenschaften verfallen können, die wir zu verwerfen haben. Ich sage unser „Verstand“, denn ich meine nicht, die * Vernunft für sich allein habe die Macht, uns von ihnen zu befreien, wie wir an seinem Ort gleichfalls beweisen werden.

[3] Hinsichtlich der Leidenschaften ist hier noch etwas hervorzuheben, was in allen, die gut sind, anzutreffen ist: Sie sind von solcher Art und Natur, daß wir ohne sie weder existieren noch fortbestehen könnten, sie also essentiell zu uns gehören; so sind Liebe, Begierde und alles, was der Liebe innewohnt.

Ganz anders verhält es sich aber mit denjenigen, die schlecht sind und wir verwerfen müssen, weil wir nicht nur ohne sie sehr gut existieren können, sondern weil wir gerade dann erst wahrhaft sind, was wir sein müssen, wenn wir uns von ihnen frei gemacht haben.

[4] Um in dies alles noch mehr Klarheit zu bringen, sei weiter * vermerkt, daß die Grundlage alles Guten und Schlechten die auf ein bestimmtes Objekt sich richtende Liebe ist. Richtet sie sich nicht auf das Objekt, das allein wert ist, geliebt zu werden, nämlich, wie schon gesagt, auf Gott, sondern auf die Dinge, die ihrer eigenen Art und Natur nach vergänglich sind, dann entstehen daraus (weil das Objekt so vielen Zufällen, ja sogar der Vernichtung unterworfen ist) zwangsläufig, entsprechend den Veränderungen des geliebten Objekts, Haß, Trauer usw. Haß entsteht, wenn einem das geliebte Objekt von jemandem weggenommen wird, Trauer, wenn man es verliert, Ruhm, wenn man sich auf Selbstliebe stützt, Gunst und Dankbarkeit, wenn man seinen Nächsten nicht wegen Gott liebt.

Kommt andererseits der Mensch dazu, Gott, der immer unveränderlich ist und bleibt, zu lieben, kann er nicht diesem Pfuhl von Leidenschaften verfallen. Deshalb stellen wir als feste und unerschütterliche Regel auf, daß Gott die erste und einzige Ursache all unseres Guten ist und derjenige, der uns von all unserem Schlechten befreit.

[5] Weiter ist noch zu bemerken, daß allein die Liebe (usw.) unbegrenzt ist. D. h., je mehr sie zunimmt, desto vortrefflicher wird sie, vorausgesetzt sie fällt auf ein Objekt, das unendlich ist, weil sie dann, und nur dann, anders als bei jedem anderen Objekt, ständig zunehmen kann. Und dies wird vielleicht für uns ein Gesichtspunkt sein, von dem her wir später die Unsterblichkeit der Seele beweisen, nämlich wie und auf welche Weise sie möglich ist.

[6] Nachdem wir bis jetzt von dem gesprochen haben, was uns das dritte Merkmal der Überzeugung mit seiner Wirkung anzeigt, wollen wir fortfahrend über deren vierte und letzte Wirkung sprechen, was auf S. 61 noch nicht geschehen ist.

FÜNFZEHNTES KAPITEL *
Vom Wahren und Falschen

[1] Sehen wir also, was die vierte und letzte Wirkung der Überzeugung uns über das Wahre und Falsche anzeigt. Hierfür müssen wir zunächst die Definition von Wahrheit und Falschheit geben: Wahrheit ist eine Bejahung (oder Verneinung) eines Dinges, die mit dem Ding selbst übereinstimmt, und Falschheit eine diesbezügliche Bejahung (oder Verneinung), die mit dem Ding selbst nicht übereinstimmt.

[2] Doch könnte es dann so aussehen, als ob es zwischen falscher und wahrer Idee keinen realen Unterschied gibt, sondern nur einen solchen der Vernunft, sofern dies oder das zu bejahen oder zu verneinen bloße Weisen des Denkens sind und keinen anderen Unterschied haben, als daß die eine mit dem Ding übereinstimmt und die andere nicht. Wäre dem so, könnte man zu Recht fragen, welchen Gewinn der eine in seiner Wahrheit findet und welchen Schaden der andere an seiner Falschheit nimmt und wie der eine weiß, daß sein Begriff oder seine Idee besser mit dem Ding übereinstimmt als der Begriff oder die Idee des anderen; und endlich, woher es kommt, daß der eine sich täuscht und der andere nicht.

[3] Darauf ist zunächst zu antworten, daß die uneingeschränkt klaren Dinge sich selbst zu erkennen geben und darin zugleich die Falschheit erkennen lassen, dergestalt, daß es große Torheit ist, zu fragen, wie man ihrer inne wird. Denn wenn gezeigt ist, daß sie die klarsten von allen sind, kann es natürlich keine ihnen vorgängige Klarheit geben, durch die sie erklärt werden könnten, was heißt, daß die Wahrheit sich selbst und die Falschheit offenbart. Die Wahrheit ist nämlich klar durch die Wahrheit, d.h. durch sich selbst, wie auch die

Falschheit durch sie klar ist, wohingegen die Falschheit sich niemals durch sich selbst zeigt oder offenbart. Daher kann jemand, der die Wahrheit hat, nicht zweifeln, daß er sie hat, während jemand, der in Falschheit oder Irrtum steckt, durchaus wähnen kann, in der Wahrheit zu stehen, ebenso wie jemand, der träumt, durchaus denken kann, daß er wacht; doch kann, wer aufgewacht ist, niemals denken, daß er träumt.

Mit dem hier Gesagten haben wir unseren Satz, daß Gott die Wahrheit ist oder die Wahrheit Gott selbst ist, in einer Hinsicht erklärt.

[4] Zu dem anderen Aspekt, warum der eine sich der Wahrheit mehr bewußt ist als der andere, es kommt daher, daß die Idee, bejahend oder verneinend, mit der Natur des Dinges völlig übereinstimmt und folglich mehr Essenz hat.

[5] Um das besser zu begreifen, ist zu bemerken, daß das Verstehen (obschon das Wort anders klingt) ein einfaches oder reines Leiden ist, in welchem unsere Seele modifiziert wird, so nämlich, daß sie andere Modi des Denkens empfängt, die sie zuvor nicht hatte. Wenn nun jemand, weil das ganze Objekt in ihm gewirkt hat, diesem Objekt entsprechende Formen oder Modi des Denkens erhält, ist klar, daß er dadurch eine ganz andere Wahrnehmung der Form oder Beschaffenheit des Objekts erhält als ein anderer, der nicht so viele Wirkursachen empfangen hat und so über ein anderes und schwächeres Einwirken zum Bejahen oder Verneinen gebracht wird (das Objekt nur über wenige oder schwächere Affektionen in sich wahrnehmend).

[6] Daraus ersehen wir die Vollkommenheit dessen, der in der Wahrheit steht, gegenüber dem, der nicht in ihr steht. Weil der eine leicht schwankt, der andere nicht leicht, hat der eine folglich mehr Beständigkeit und Essenz als der andere; und gleiches gilt für die Modi des Denkens, die mit dem Ding übereinstimmen, die, weil sie mehr Ursachen gehabt haben, ebenfalls mehr Beständigkeit und Essenz in sich haben; und sobald sie mit dem Ding völlig übereinstimmen, ist es unmöglich, daß sie irgendwann von dem Ding unterschiedlich affiziert werden oder irgendwelche Veränderung erleiden kön-

nen, da, wie wir schon weiter oben gesagt haben, die Essenz eines Dinges unveränderlich ist. Nichts dergleichen findet sich in der Falschheit. Damit ist ausreichend auf die vorigen Fragen geantwortet.

SECHZEHNTES KAPITEL *
Vom Willen

[1] Nachdem wir nun wissen, was gut und schlecht, was Wahrheit und Falschheit ist, und auch, worin das Glück eines vollkommenen Menschen besteht, ist es Zeit, zur Untersuchung unserer selbst zu kommen und zu betrachten, ob wir zu diesem Glück durch freien Willen oder durch Notwendigkeit * kommen. Hierfür ist es nötig zu untersuchen, was bei denen, die ihn annehmen, der Wille ist und worin er sich von der Begierde unterscheidet.

[2] Begierde, haben wir gesagt, ist die Neigung der Seele zu etwas, was sie für gut hält, woraus folgt, daß, bevor unsere Begierde sich nach außen auf etwas erstreckt, zuvor in uns entschieden worden ist, daß dieses Etwas gut ist. Diese Form der Zustimmung, oder allgemeiner genommen die Macht zu bejahen oder zu verneinen, heißt Wille[24].

[3] So kommt es darauf an, ob diese Bejahung in uns in freier oder notwendiger Weise erfolgt, d. h. ob wir von einem Ding etwas bejahen oder verneinen, ohne durch eine äußere Ursache dazu

[24] Der Wille, gefaßt als Bejahung oder Beschluß, unterscheidet sich darin von der Überzeugung, daß er sich auch auf das erstreckt, was nicht in Wahrheit gut ist; denn seine Annahme enthält nicht, daß das ihm klar Erscheinende nicht anders sein könnte, wie es bei der Überzeugung ist und sein muß, weil aus ihr nur gute Begierden hervorgehen können.

Er unterscheidet sich aber auch von der Meinung, darin nämlich, daß er manchmal unfehlbar und sicher sein kann, was für die Meinung, die bloßes Annehmen und Vermuten ist, nicht zutrifft, so daß man ihn Überzeugung nennen könnte in Anbetracht seiner Sicherheit und Meinung in Anbetracht seiner Irrtumsanfälligkeit.

gezwungen zu sein. Nun haben wir schon bewiesen, daß ein Ding, das nicht durch sich selbst begriffen wird oder bei dem Existenz nicht zu seiner Essenz gehört, notwendigerweise eine äußere Ursache haben muß und daß eine Ursache, die etwas hervorbringt, es notwendigerweise hervorbringt. Daraus muß auch folgen, daß dieses oder jenes im besonderen zu wollen, also von einem Ding dieses oder jenes im besonderen zu bejahen oder zu verneinen, daß das, sage ich, durch eine äußere Ursache[25] erfolgen muß; und sie kann nach der gegebenen Definition von Ursache nicht frei sein.

[4] Möglicherweise befriedigt das diejenigen nicht, die ihren Verstand mehr mit Gedankendingen als mit den besonderen Dingen, die wahrhaft in der Natur existieren, zu beschäftigen pflegen und deshalb die Gedankendinge nicht als solche, sondern als Dinge, die wirklich existieren, betrachten. In der Tat macht der Mensch, weil er mehreres will, jetzt dieses und dann jenes, daraus in seiner Seele einen allgemeinen Modus, den er Willen nennt, ebenso wie er aus diesem und jenem Menschen eine Idee des Menschen macht; wirkliche Dinge nicht genügend von Gedankendingen unterscheidend, wird er dazu gebracht, Gedankendinge als Dinge zu betrachten, die in der Natur wahrhaft existieren, und so sich selbst als die Ursache mancher Dinge anzusehen, wie es in der Diskussion dessen, was wir hier untersuchen, nicht selten geschieht. Denn fragt man jemanden, warum der Mensch dieses oder jenes will, so antwortet man[26]: „weil er einen Willen hat“.

[25] Es ist sicher, daß der besondere Willensakt eine äußere Ursache haben muß, durch die er existiert; denn da zu seiner Essenz nicht Existenz gehört, muß er notwendigerweise kraft der Existenz von etwas anderem existieren.

[26] Bemerkung. Das heißt: Seine bewirkende Ursache ist keine Idee, sondern der Wille selbst im Menschen, und der Verstand ist eine Ursache, ohne die der Wille nichts kann; also sind der Wille (in unbegrenzter Bedeutung) und ebenso der Verstand nicht Gedankendinge, sondern reale Dinge. Mir scheinen sie jedoch bei aufmerksamer Betrachtung Universalien zu sein, denen ich nichts Reales zuschreiben kann. Doch selbst wenn sie wirklich wären, müßte man dennoch zu-

Weil aber der Wille, wie gesagt, nur eine Idee des Tatbestandes ist, dieses oder jenes zu wollen, und insofern nur eine gedankliche Konstruktion, ein Gedankending und nicht ein wirkliches Seiendes, kann von ihm gar nichts verursacht werden.

geben, daß das einzelne Wollen eine Modifikation des Willens ist wie die Ideen eine Modifikation des Verstandes; folglich wären Verstand und Wille in ihrer Verschiedenheit notwendigerweise real unterschiedene Substanzen, denn was modifiziert wird, ist die Substanz und nicht der Modus selbst.

Sagt man, die Seele regiere diese beiden Substanzen, dann gibt es eine dritte Substanz. Das macht die Dinge so verworren, daß es unmöglich ist, einen klaren und deutlichen Begriff von ihnen zu haben. Weil nämlich die Idee nicht im Willen, sondern im Verstand ist, kann daraus nach der Regel, daß der Modus einer Substanz nicht in eine andere übergehen kann, im Willen keine Liebe entstehen; denn es führt zu Widersprüchen, daß man etwas wollte, dessen Idee nicht in der Macht dessen ist, der will. Sagt ihr, daß der Wille aufgrund seiner Vereinigung mit dem Verstand dasselbe wahrnimmt, was der Verstand erkennt, und deshalb auch liebt, so ist dagegen zu bemerken: Auch Wahrnehmen ist ein Begriff, und zwar eine verworrene Idee und deshalb ein Modus des Verstandes; nach dem Vorigen kann er aber nicht im Willen sein, selbst wenn es so etwas wie eine Vereinigung von Seele und Körper gäbe. Selbst wenn der Körper mit der Seele nach der üblichen Lehre der Philosophen vereinigt wäre, kann der Körper doch niemals wahrnehmen, sowenig wie die Seele ausgedehnt sein. Denn dann könnte eine Chimäre, in der wir zwei Substanzen begreifen, zu einer werden, was falsch ist. Auch die These, die Seele regiere beide, den Verstand wie den Willen, ist unverständlich, weil man damit offenbar, gegen die These, leugnet, daß der Wille frei ist. Da ich keine Lust habe, alles anzuführen, was ich gegen die Lehre einer geschaffenen endlichen Substanz habe, will ich zum Schluß nur noch kurz dartun, daß die Willensfreiheit keineswegs mit einer fortwährenden Schöpfung verträglich ist. Denn in Gott ist nur eine einzige Handlung erforderlich, um etwas im Sein zu erhalten wie zu erschaffen, weil andernfalls das Ding nicht einen Augenblick lang bestehen könnte. Weil dem so ist, kann keinem Ding die Willensfreiheit zugeschrieben werden.

Man muß vielmehr sagen, daß Gott das Ding erschaffen hat, wie es ist; denn da es keine Kraft hat, sich zu erhalten, solange es exi-

Nam ex nihilo nihil fit. Da also der Wille, wie dargelegt, kein Ding in der Natur ist, sondern eine bloße Fiktion, braucht man sich, denke ich, auch nicht zu fragen, ob er frei ist oder nicht.

[5] Ich sage das nicht von dem als allgemein konzipierten Willen, von dem wir dargetan haben, daß er eine gedankliche Konstruktion ist, sondern von dem Tatbestand, dieses oder jenes im besonderen zu wollen, der für manche darin besteht, zu bejahen oder zu verneinen. Einem jeden, der auf das von uns Gesagte nur ein wenig achtgibt, ist das wohl deutlich. Denn wir haben gesagt, daß Verstehen ein reines Leiden ist, d.h. ein Gewahrwerden der Essenz und Existenz der Dinge in der Seele, so daß niemals wir es sind, die von dem Ding etwas bejahen oder verneinen, sondern das Ding selbst es ist, das etwas von sich selbst in uns bejaht oder verneint.

[6] Das werden vielleicht manche nicht zugeben, weil es ihnen scheint, sie könnten von einem Ding etwas anderes bejahen oder verneinen, als ihnen von ihm bewußt ist. Das kommt jedoch nur daher, daß sie keine rechte Vorstellung von dem Begriff haben, den die Seele von einem Ding unabhängig oder außerhalb von Worten hat. Allerdings können wir (wenn es Gründe gibt, die uns dazu bewegen) anderen durch Worte oder andere Mittel von dem Ding anderes kundtun, als uns von ihm bewußt ist; aber niemals werden wir, weder durch Worte noch durch irgendwelche andere Mittel, zuwege bringen, daß wir die Dinge anders fühlen als wir sie fühlen. Das

stiert, kann es noch viel weniger durch sich selbst eine Wirkung hervorbringen. Wenn man also sagte, die Seele bringe das Wollen von sich aus hervor, dann frage ich: aus welcher Kraft? Nicht aus der, die gewesen ist, denn diese existiert nicht mehr; auch nicht aus der, die sie jetzt hat, denn sie hat nicht die geringste, durch die sie auch nur den kleinsten Augenblick lang bestehen oder fortdauern könnte, weil sie fortwährend erschaffen wird. Weil also kein Ding irgendwelche Kraft hat, sich zu erhalten oder etwas hervorzubringen, bleibt nichts anderes übrig als zu schließen, daß Gott allein die wirkende Ursache aller Dinge ist und sein muß und alles einzelne Wollen durch ihn bestimmt ist.

ist unmöglich und all denen klar, die einmal, getrennt von dem Gebrauch der Worte oder anderer Werkzeuge, allein auf ihren Verstand achtgegeben haben.

[7] Hiergegen könnten vielleicht manche sagen: Wenn nicht wir es sind, sondern allein das Ding, das etwas von sich selbst in uns bejaht oder verneint, dann kann doch nur bejaht oder verneint werden, was mit dem Ding übereinstimmt, was hieße, daß es gar keine Falschheit gibt. In der Tat haben wir gesagt, daß Falschheit darin besteht, zu bejahen (oder zu verneinen), was mit dem Ding nicht übereinstimmt, was also das Ding nicht von sich selbst bejaht oder verneint. Ich meine aber, daß bei Beachtung des über Wahrheit und Falschheit gerade Gesagten dieser Einwand genügend beantwortet ist. Denn wir haben gesagt, das Objekt sei die Ursache, von der her etwas bejaht oder verneint wird, egal ob dies wahr oder falsch ist, daß wir uns nämlich, weil wir etwas wahrnehmen, was von dem Objekt kommt, einbilden, das Objekt (obwohl wir sehr wenig von ihm gewahr werden) bejahe oder verneine dies von sich selbst in seiner Totalität. Das geschieht vor allem in * schwachen Seelen, die durch ein nur leichtes Einwirken des Objekts sehr leicht in sich eine Modifikation oder eine Idee empfangen und darüber hinaus nichts weiter bejahen oder verneinen.

[8] Endlich könnte man uns noch einwenden, es existierten viele Sachen, die wir wollen und nicht wollen, etwa von einem Ding etwas bejahen oder nicht bejahen, die Wahrheit sagen und nicht sagen usw. Das kommt aber daher, daß man Begierde und Wille nicht genügend unterscheidet. Denn der Wille ist bei denen, die ihn annehmen, allein die Tätigkeit des Verstandes, in der wir von einem Ding etwas ohne Rücksicht auf gut oder schlecht bejahen oder verneinen, während die Begierde eine Disposition in der Seele ist, etwas zu erlangen oder zu tun mit Rücksicht auf das darin gesehene Gute oder Schlechte, so daß die Begierde auch nach erfolgter Bejahung oder Verneinung noch bleibt, d. h. nachdem wir gefunden oder bejaht haben, daß etwas gut ist. Das ist ihrer Behauptung zufolge der Wille, die Begierde als jene Neigung, die man erst danach

bekommt, diesem Etwas gegenüber anderem den Vorzug zu geben, so daß auch nach ihrer eigenen Behauptung der Wille zwar vor der Begierde existieren kann, aber nicht die Begierde vor dem Willen, der ihr vorausgegangen sein muß.

[9] Alle Handlungen, von denen wir oben gesprochen haben (getan von der Vernunft unter dem Aspekt des Guten oder vermieden von ihr unter dem Aspekt des Schlechten) können also ausschließlich zu den Neigungen gezählt werden, die man Begierden nennt und nur in ganz uneigentlichem Sinne unter dem Namen „Wille" begriffen werden.

SIEBZEHNTES KAPITEL
Vom Unterschied zwischen Wille und Begierde *

[1] Weil nun klargeworden ist, daß wir zum Bejahen oder Verneinen nicht irgendeinen Willen haben, laßt uns jetzt den richtigen und wahrhaften Unterschied zwischen Wille und Begierde sehen, oder was recht verstanden dieser Wille ist, der bei den Lateinern „voluntas" heißt.

[2] Nach der Definition des Aristoteles ist Begierde offenbar eine Gattung, die zwei Arten umfaßt. Denn er sagt, der Wille sei das Verlangen oder die Neigung, die man unter dem Aspekt des Guten hat. Danach scheint er mir unter Begierde (oder cupiditas) alle Neigungen, sei es zum Guten, sei es zum Schlechten, zu fassen; wenn sie nur auf das Gute gerichtet ist oder der Mensch, der eine derartige Neigung hat, sie unter dem Aspekt des Guten hat, dann nennt er sie „voluntas" oder guten Willen; wenn sie aber schlecht ist, d.h. wenn wir bei einem anderen eine Neigung zu etwas Schlechtem sehen, nennt er sie „voluptas" oder schlechten Willen. Demnach ist die Neigung der Seele nicht da, um zu bejahen oder zu verneinen, sondern nur, um etwas unter dem Aspekt des Guten zu erlangen und unter dem des Schlechten zu meiden.

[3] Jetzt ist noch zu untersuchen, ob eine solche Begierde frei ist oder nicht. Außer dem schon Gesagten, daß die Begierde vom Begriff der Dinge abhängt und das Begreifen sich auf eine

äußere Ursache stützen muß, und auch außer dem, was wir über den Willen gesagt haben, bleibt also zu beweisen, daß sie nicht frei ist.

[4] Viele Menschen sehen zwar, daß die Erkenntnis, die der Mensch von verschiedenen Dingen hat, ein Mittel ist, wodurch sein Verlangen oder seine Neigung vom einen zum anderen übergeht, aber sie fragen sich nicht, was es sein könnte, das das Verlangen vom einen zum anderen hinüberzieht.

Um zu zeigen, daß diese Neigung bei uns nicht frei ist, wollen wir uns (um uns lebhaft vor Augen zu stellen, was es bedeutet, vom einen zum anderen überzugehen oder hinübergezogen zu werden) einmal ein Kind vorstellen, das zum erstenmal ein bestimmtes Ding wahrnimmt. Ich halte ihm zum Beispiel ein Glöckchen vor, das in seinen Ohren ein angenehmes Geläute hervorbringt und in ihm ein Verlangen erweckt. Und nun seht einmal zu, ob es wohl vermeiden könnte, ein solches Verlangen oder Begehren zu bekommen? Wenn ihr ja sagt, frage ich: wie denn, durch welche Ursache? Gewiß nicht durch etwas, von dem es wüßte, daß es besser ist, denn dies ist ja alles, was es kennt. Auch nicht, weil ihm dies als schlecht erscheint, denn es kennt ja nichts anderes, und jene angenehme Empfindung ist das Beste, was ihm jemals vorgekommen ist. Aber vielleicht hat es eine Freiheit, sein Verlangen niederzuhalten, was freilich hieße, daß dieses Verlangen zwar in uns ohne Freiheit beginnen könnte, uns aber gleichwohl eine Freiheit zukäme, es niederzuhalten. Eine solche Freiheit kann jedoch nicht die Probe bestehen; denn was sollte fähig sein, dieses Verlangen auszulöschen? Das Verlangen selbst? Sicher nicht, denn nichts sucht durch die eigene Natur sich selbst zu vernichten. Was mag es dann am Ende sein, was das Kind von diesem Verlangen abbringt? Nichts anderes fürwahr, als daß es gemäß der Ordnung und dem Lauf der Natur von etwas affiziert wird, was ihm angenehmer ist als jenes Glöckchen. *

[5] Genauso (siehe unsere Erörterung des Willens) wie der Wille nichts anderes im Menschen ist als dieses und jenes Wollen, ist in ihm auch nichts anderes als dieses und jenes Begehren, ver-

ursacht von diesem und jenem Begriff, was heißt, daß die Begierde nicht etwas ist, was in der Natur real existiert, sondern lediglich eine Abstraktion von diesem oder jenem Begehren. Und eine Begierde, die nichts wahrhaft Wirkliches ist, kann auch nichts, was immer es sein mag, tatsächlich verursachen. Zu sagen, die Begierde sei frei, läuft darauf hinaus, zu sagen, diese oder jene Begierde sei Ursache ihrer selbst, d.h. sie habe, ehe sie existierte, sich selbst dazu gemacht, existieren zu müssen, was die Ungereimtheit selbst ist und nicht sein kann.

ACHTZEHNTES KAPITEL
Vom Nutzen des Vorhergehenden

[1] Wir sehen also, daß der Mensch als ein Teil der ganzen Natur, von der er abhängt und auch regiert wird, aus sich selbst heraus nichts zu seinem Heil und Glück tun kann. Jetzt laßt uns sehen, welch großer Nutzen sich aus unserer Lehre ziehen läßt, und dies um so mehr, als wir nicht zweifeln, daß sie manchen Leuten nicht wenig anstößig erscheinen wird.

[2] Zum ersten folgt daraus, daß wir in Wahrheit Diener, ja Sklaven Gottes sind und unsere größte Vollkommenheit darin besteht, es notwendigerweise zu sein. Denn wären wir auf uns selbst angewiesen und nicht von Gott abhängig, könnten wir sehr wenig oder sogar nichts verrichten und hätten allen Grund, uns zu betrüben. Ganz anders ist es bei dem, was wir jetzt sehen, daß wir nämlich von dem, was das Höchstvollkommene ist, in der Weise abhängen, daß wir auch ein Teil des Ganzen, d.h. Gottes, sind und zu einer in ihm gründenden Realisierung so vieler geschickt geordneter und vollkommener Werke das unsrige sozusagen mit beitragen. *

[3] Zum zweiten bewirkt diese Erkenntnis, daß wir nach dem Verrichten von etwas so Vortrefflichem nicht hochmütig werden (ein Hochmut, der uns in der Meinung beläßt, wir wären jetzt etwas Großes und hätten nichts weiter nötig, im direkten Widerspruch zu unserer Vollkommenheit, die darin besteht, uns bemühen zu müssen, immer weiter zu kommen), daß wir

vielmehr alles, was wir tun, Gott zuschreiben, der die erste und einzige Ursache dessen ist, was wir verrichten und ausführen.

[4] Zum dritten bewirkt diese Erkenntnis über die wahre Nächstenliebe, zu der sie uns führt, den Nächsten nie mehr zu hassen noch gegen ihn erzürnt zu sein, sondern im Gegenteil geneigt zu sein, ihn zu unterstützen und in einen besseren Zustand zu bringen, also Handlungen zu vollbringen, die Menschen von großer Vollkommenheit oder Essenz auszeichnen.

[5] Zum vierten dient diese Erkenntnis auch der Förderung des Gemeinwohls, denn, gestützt auf sie, wird ein Richter niemals eine Partei gegenüber einer anderen bevorzugen können; genötigt, den einen zu strafen, um dem anderen gerecht zu sein, wird er es vielmehr in der Absicht tun, beide, den einen wie den anderen, zu unterstützen und zu bessern.

[6] Zum fünften befreit uns diese Erkenntnis von Trauer, Verzweiflung, Neid, Furcht und anderen schlechten Leidenschaften, die, wie wir später sagen werden, die Hölle selbst sind.

[7] Zum sechsten schließlich bringt uns diese Erkenntnis dazu, vor Gott keine Furcht zu haben, wie andere sie vor dem von ihnen ausgedachten Teufel haben, fürchtend, er würde ihnen ein Übel antun. Denn wie könnten wir Gott fürchten, der gerade das höchste Gut ist, durch das alle Dinge, die irgend Essenz haben, sind, was sie sind, darin eingeschlossen auch wir, die wir in ihm leben?

[8] Auch bringt uns diese Erkenntnis dazu, alles Gott zuzuschreiben und nur ihn zu lieben, weil er der herrlichste und allervollkommenste ist, und so uns selbst ihm gänzlich hinzugeben. Denn hierin besteht genaugenommen der wahre Gottesdienst, unser ewiges Heil und die Glückseligkeit. Denn die einzige Vollkommenheit und der letzte Zweck eines Sklaven und Werkzeugs ist es, den ihm auferlegten Dienst gehörig zu verrichten. Wenn zum Beispiel ein Zimmermann sich bei irgendeiner Arbeit von seinem Beil aufs beste bedient findet, dann hat dieses Beil dadurch seinen Zweck und seine Vollkommenheit erlangt; wenn er aber denken wollte: „Dieses

Beil hat mir jetzt so gut gedient, daß ich es ruhen lassen und mich seiner nicht mehr bedienen will", dann würde er dem Beil seinen Zweck nehmen, und es wäre kein Beil mehr.

[9] So gilt auch für den Menschen: Sofern er ein Teil der Natur ist, muß er den Gesetzen der Natur folgen, was eben der Gottesdienst ist; und solange er so handelt, ist er in seinem Glück. Wollte aber Gott (um so zu sprechen), daß der Mensch ihm nicht mehr dient, liefe das darauf hinaus, ihn seines Glücks zu berauben und zu vernichten, weil alles, was er ist, darin besteht, Gott zu dienen.

NEUNZEHNTES KAPITEL
Von unserer Glückseligkeit

[1] Nachdem wir den Nutzen der gerade erörterten Überzeugung gesehen haben, laßt uns jetzt unser gegebenes Versprechen zu erfüllen trachten, nämlich zu untersuchen, ob wir durch diese Erkenntnis (von dem, was gut und schlecht ist, was Wahrheit und Falschheit ist und was generell der Nutzen von alldem ist), ob wir, sage ich, dadurch unser Glück, nämlich die Liebe Gottes (in der, wie wir bemerkt haben, unsere höchste Glückseligkeit liegt) erlangen können und auch, auf welche Weise wir uns von den Leidenschaften befreien können, die wir als schlecht beurteilt haben.

[2] Um zunächst von der letzten Frage zu sprechen, der Befreiung von den Leidenschaften, sage ich, daß wir, vorausgesetzt, sie haben keine anderen Ursachen als die von uns angenommenen, niemals in sie verfallen können, wenn wir nur unseren Verstand richtig gebrauchen; und das können wir (da wir jetzt ein Kriterium für Wahrheit und Falschheit haben) sehr leicht[27] tun.

[27] Man verstehe: wenn wir eine gründliche Erkenntnis von gut und schlecht, Wahrheit und Falschheit haben; denn dann ist es unmöglich, dem unterworfen zu sein, woraus die Leidenschaften entstehen; sobald wir nämlich das Beste kennen und genießen, hat selbst das Schlechteste keine Macht mehr über uns.

[3] Doch bleibt noch zu zeigen, daß sie keine anderen Ursachen haben. Hierfür scheint es erforderlich zu sein, uns im Ganzen zu betrachten, sowohl unter dem Gesichtspunkt des Körpers wie dem des Geistes. Für den Modus Körper ist zu betonen, daß er in der Natur existiert und wir durch seine Beschaffenheit und ihre Wirkungen affiziert werden, worin wir ihn wahrnehmen. Dies heben wir unter dem Aspekt hervor, daß, wenn wir die Tätigkeiten des Körpers und ihre Wirkungen kennen, wir auch die erste und hauptsächliche Ursache all dieser Affekte finden und in eins damit, wodurch sie alle vernichtet werden können. Daraus können wir sehen, ob dies durch die Vernunft geschehen kann, und dann erst werden wir fortfahren, von unserer Liebe zu Gott zu sprechen. *

[4] Zu beweisen, daß es in der Natur einen Körper gibt, kann uns nicht schwer fallen, nachdem wir wissen, daß Gott existiert und was er ist. Wir haben ihn definiert als ein Seiendes von unendlich vielen Attributen, von denen jedes selber unendlich und vollkommen ist. Wenn Ausdehnung ein Attribut ist, das, wie wir gezeigt haben, in seiner Gattung unendlich ist, muß sie notwendigerweise ein Attribut dieses unendlichen Seienden sein. Und weil, wie wir schon bewiesen haben, dieses unendliche Seiende wirklich existiert, folgt, daß das genannte Attribut ebenfalls wirklich existiert.

[5] Da wir überdies dargetan haben, daß außerhalb der Natur, die unendlich ist, kein Seiendes ist noch sein kann, ist evident, daß die Wirkungen des Körpers, über die wir wahrnehmen, allein vom Attribut Ausdehnung herkommen können und keineswegs von einer anderen Instanz, zu der (wie manche wollen) die Ausdehnung in eminenter Weise gehöre; denn so ein Anderes existiert nicht (wie wir schon zuvor im 1. Kapitel bewiesen haben).

[6] Bleibt noch zu bemerken, daß alle Wirkungen, von denen wir sehen, daß sie von Ausdehnung notwendigerweise abhängen, auf dieses Attribut bezogen sein müssen (wie Bewegung und Ruhe). Denn wenn dessen Wirkungskraft nicht in der Natur war, könnten die Wirkungen (selbst wenn es in der Natur viele andere Attribute gäbe) unmöglich zustandekommen.

Wenn nämlich etwas eine Wirkung hervorbringt, muß es in ihm ein Sein geben, durch das gerade es und nicht ein anderes sie hervorbringt.

Das hier von Ausdehnung Gesagte wollen wir auch vom Attribut Denken gesagt haben und von allem, was ist.

[7] Weiter ist zu bemerken, daß nichts in uns ist, ohne daß es uns möglich wäre, von ihm auch zu wissen. Wenn wir also in uns nichts anderes finden als die Wirkungen dieser beiden Attribute, Denken und Ausdehnung, können wir mit Sicherheit sagen, daß es in uns nichts weiter gibt.

Um nun klar die Wirkungen dieser beiden [Attribute] zu verstehen, werden wir sie zuerst einzeln und dann beide zusammen behandeln und in gleicher Weise ihre Wirkungen.

[8] Betrachten wir bloße Ausdehnung, dann finden wir in ihr nichts anderes als Bewegung und Ruhe, aus denen, so finden wir weiter, alle Wirkungen hervorgehen. Und diese beiden[28] Modi sind im Körper so beschaffen, daß nur sie selbst sie dort verändern können; zum Beispiel wenn ein Stein in Ruhe ist, kann er unmöglich durch die Kraft des Denkens oder von sonst noch anderem bewegt werden, sondern ausschließlich durch die Bewegung, etwa wenn ein anderer Stein, dessen Bewegung stärker ist als die eigene Ruhe, ihn bewegt, ebenso wie auch der sich bewegende Stein nur zur Ruhe kommt durch etwas von geringerer Bewegung. Daraus folgt also, daß kein Modus des Denkens Bewegung oder Ruhe im Körper hervorbringen kann.

[9] Indessen kann es, so zeigt unser Wahrnehmen, wohl geschehen, * daß ein Körper, dessen Bewegung ihn jetzt nach der einen Seite hin führt, sich trotzdem zu der anderen Seite wendet, wie wenn ich meinen Arm ausstrecke und dadurch die Lebensgeister, die ihre Bewegung noch nicht dementsprechend hatten, dazu bringe, sie jetzt nach dieser Seite hin zu nehmen, freilich nicht immer, sondern nach der Beschaffenheit der Lebensgeister, wie später gesagt wird. Die Ursache hierfür ist und kann keine andere sein als der Tatbestand, daß

[28] Zwei Modi, weil Ruhe kein Nichts ist.

die Seele als Idee dieses Körpers, mit dem sie vereinigt ist, mit ihm derart zusammengesetzt ist, daß sie zusammen ein Ganzes bilden.

[12] Ferner kann die Seele in ihrer Macht, die Lebensgeister zu bewegen, * auch dadurch gehemmt werden, daß die Bewegung der Lebensgeister stark vermindert oder auch vergrößert ist. Vermindert etwa, wenn wir durch langes Laufen bewirken, daß die Lebensgeister über das gewöhnliche Maß hinaus Bewegung an den Körper abgeben und, diese entbehrend, zwangsläufig dementsprechend geschwächt werden; ebenso kann es geschehen, wenn wir zu wenig essen. Vergrößert etwa, wenn wir zu viel Wein oder andere starke Getränke getrunken haben und dadurch, angeheitert oder betrunken, die Herrschaft der Seele über den Körper verlieren.

[10] Die hauptsächliche Wirkung des anderen Attributes ist ein Begriff der Dinge, derart, daß aus der Weise, wie die Dinge begriffen werden, Liebe oder Haß usw. hervorgehen. Diese Wirkung kann, weil sie in sich keine Ausdehnung enthält, auch nicht der Ausdehnung zugeordnet werden, sondern allein dem Denken. Deshalb muß die Ursache aller Veränderungen, die in dieser Weise entstehen, niemals im Attribut Ausdehnung, sondern immer im Attribut Denken gesucht werden; wie wir es bei der Liebe sehen können, die, ob sie nun vernichtet oder geweckt wird, aufgrund eines Begriffs in diesem Zustand sein muß; es geschieht, wie schon gesagt, weil wir in dem Objekt etwas erkennen, was schlecht oder besser ist.

[11] Wenn nun diese Attribute dazu kommen, aufeinander zu wirken, entsteht ein Leiden in dem einen, verursacht durch das andere, nämlich durch die Lenkung der Bewegung, die wir lenken können, wohin wir wollen. Ein solche Leiden hat folgende Wirkungen: Die Seele bringt zuwege, daß, wie schon gesagt, die Lebensgeister, die sich sonst nach der einen Seite bewegen würden, sich jetzt nach der anderen bewegen; und weil diese Lebensgeister auch von einer körperlichen Ursache bewegt werden und folglich bestimmt werden können, kann es oft geschehen, daß sie ihre Bewegung, verursacht durch den Körper, in eine Richtung und zugleich, verursacht durch die

Seele, in eine andere Richtung nehmen. Das ruft in uns bestimmte Beklemmungen hervor, deren wir mitunter gewahr werden, ohne daß wir den Grund ihres Auftretens kennen. Denn sonst sind uns in der Regel die Gründe durchaus bekannt.

[13] Soviel zu den Wirkungen der Seele im Körper. Jetzt wollen wir die Wirkungen des Körpers in der Seele ins Auge fassen. Die hauptsächliche ist, so unsere These, daß der Körper sich selbst und dadurch auch andere Körper der Seele wahrnehmbar macht. Das wird ausschließlich durch das Zusammen von Bewegung und Ruhe verursacht; denn im Körper gibt es nichts anderes als dieses Paar, wodurch er sich betätigen könnte. Daher kann alles, was der Seele außerhalb dieser Wahrnehmungen geschieht, nicht durch den Körper verursacht sein.

[14] Und weil das erste, was die Seele zu erkennen bekommt, der Körper ist, kommt es, daß die Seele ihn so sehr liebt und mit ihm vereinigt ist. Da aber, wie schon gesagt, die Ursache von Liebe, Haß und Trauer nicht im Körper zu suchen ist, sondern allein in der Seele (da Wirkungen des Körpers immer aus Bewegung und Ruhe hervorgehen müssen), und weil wir klar und deutlich sehen, daß eine so beschaffene Liebe allein durch unseren Begriff von etwas Besserem verschwindet, ist klar, daß wir, wenn wir einmal beginnen, Gott mit einer Erkenntnis zu erfassen, die wenigstens so klar ist wie die, mit der wir unseren Körper erkennen, mit ihm enger als mit unserem Körper vereinigt sein müssen, gleichsam losgelöst vom Körper. Ich sage „enger“, denn wir haben schon zuvor bewiesen, daß wir ohne Gott weder existieren noch begriffen werden können, und das ist so, weil wir ihn nicht über etwas anderes (wie das bei allen anderen Dingen der Fall ist), sondern allein durch ihn selbst erkennen und erkennen müssen, wie wir gleichfalls schon weiter oben gesagt haben. Ja sogar besser als uns selbst erkennen wir ihn, weil wir uns ohne ihn überhaupt nicht selbst erkennen können.

[15] Dem bisher Gesagten sind die hauptsächlichen Ursachen der Leidenschaften leicht zu entnehmen. Denn was den Körper * und seine Wirkungen, Bewegung und Ruhe, angeht, sie kön-

nen auf die Seele nur so einwirken, daß sie ihre Objekte sind und sich ihr als solche kundtun. Auch durch das, was sie ihr an Gutem oder Schlechtem[29] präsentieren, wird die Seele affiziert, aber nicht, insofern der Körper ein Körper ist (denn dann wäre der Körper die hauptsächliche Ursache der Leidenschaften), sondern, insofern er ein Objekt ist, nicht anders als alle anderen Dinge auch, die auf die Seele dieselben Wirkungen hätten, wenn sie sich ihr in derselben Weise [d. h. als Objekte] präsentieren.

[16] (Damit will ich aber nicht sagen, daß die Form von Liebe, Haß und Trauer, die aus der Betrachtung unkörperlicher Dinge entsteht, dieselben Wirkungen hätte wie die, die der Betrachtung körperlicher Dinge entspringt; denn sie hat, wie wir später zeigen werden, noch andere Wirkungen entsprechend der Natur des Dinges, durch dessen Begreifen sie in der unkörperliche Dinge betrachtenden Seele erweckt wird.) *

[17] Um wieder zur vorigen Überlegung zurückzukehren: Würde sich der Seele ein anderes Ding herrlicher als der Körper darbieten, dann hätte der Körper sicherlich keine Kraft, Wirkungen von der Art zu verursachen, wie er es jetzt tut. Daraus

[29] Aber woher kommt es, daß wir das eine als gut, das andere als schlecht erkennen? Antwort: sofern es die Objekte sind, die sich selbst uns kundtun, werden wir von dem einen anders affiziert als von dem anderen. Diejenigen Objekte, von denen wir in bester Weise (nach der Proportion von Bewegung und Ruhe, woraus sie bestehen) bewegt werden, sind uns die angenehmsten, und diejenigen, die sich davon immer weiter entfernen, die unangenehmsten. Hieraus entstehen die verschiedenen Arten von Empfindung, die wir in uns wahrnehmen und die häufig auf unseren Körper durch körperliche Objekte einwirken und wir Impulse nennen, etwa daß man jemanden, der traurig ist, zum Lachen bringen und aufheitern kann, indem man ihn kitzelt, Wein trinken läßt usw., was die Seele zwar wahrnimmt, aber nicht hervorruft. Denn wenn sie tätig ist, sind die Freuden wahrlich von anderer Art, denn dann wirkt nicht Körper auf Körper, sondern die verständige Seele gebraucht den Körper als ein Werkzeug, woraus folgt, daß, je mehr die Seele dabei tätig ist, desto vollkommener ihr Fühlen ist. *

folgt nicht nur, daß der Körper[30] nicht die hauptsächliche Ursache der Leidenschaften ist, sondern auch, daß, selbst wenn in uns außer dem bereits Vermerkten etwas anderes wäre, was die Leidenschaften hervorbringen könnte, dieses Andere auch nicht mehr und nichts anders in der Seele bewirken könnte, als es der Körper aktuell tut. Denn auch es müßte ein Objekt sein, das von der Seele total verschieden ist und sich demzufolge der Seele in einer bestimmten Weise und nicht anders darbieten würde, nämlich so, wie wir es vom Körper gesagt haben.

[18] Daher können wir mit Wahrheit schließen, daß Liebe, Haß, Trauer und die anderen Leidenschaften in der Seele in verschiedener Weise hervorgebracht werden, je nach der Art der Erkenntnis, die sie von dem Ding bekommt. Folglich wird es, wenn sie einmal dazu kommt, auch das Allerherrlichste zu erkennen, unmöglich sein, daß irgendeine dieser Leidenschaften in ihr die geringste Unruhe hervorrufen könnte.

ZWANZIGSTES KAPITEL
Bestätigung des Vorhergehenden

[1] Hinsichtlich des im vorigen Kapitel Gesagten könnten folgende Schwierigkeiten vorgebracht werden: Erstens, wenn Ursache der Leidenschaften nicht die Bewegung ist, wie können wir dann doch mit gewissen Mitteln die Trauer vertreiben, etwa mit Wein, den wir manchmal einsetzen?

[2] Hierauf ist zu sagen, daß man bei der Seele unterscheiden muß zwischen der zunächst erfolgenden Wahrnehmung des

[30] Wir brauchen nicht unbedingt den Körper als Hauptursache der Leidenschaften anzunehmen, auch eine beliebig andere Substanz, die zur Existenz käme, könnte deren Ursache sein, aber weder in anderer Weise noch über mehr Dinge. Denn in der Natur könnte [diese Substanz], was die Objekte (aus denen die Veränderungen in der Seele entstehen) angeht, sich nicht stärker als der Körper [von der Seele] unterscheiden, die sich in allem extrem unterscheiden. *

Körpers und dem sofort gefällten Urteil, ob das für sie gut oder schlecht ist.

Wir haben weiter oben dargelegt, daß die Seele in ihrer vermittelten Verfaßtheit die Macht hat, die Lebensgeister zu bewegen, wohin sie will, ihr diese Macht aber trotzdem genommen werden kann, sobald die Lebensgeister durch für den Körper generell relevante Ursachen ihr die entsprechende Disposition nehmen oder in ihr verändern. Wird die Seele dergleichen in sich gewahr, entsteht in ihr eine Trauer relativ auf die Veränderung der Lebensgeister, eine Trauer[31], die sich aus der Liebe zum Körper und der Vereinigung mit ihm herleitet.

Daß es so ist, kann leicht dem entnommen werden, daß dieser Trauer auf zwei Weisen abgeholfen werden kann: entweder indem man die Lebensgeister in ihren ersten Zustand zurückversetzt, d. h. aus dem quälenden Zustand befreit, oder indem man sich durch gute Gründe überzeugen läßt, sich um diesen Körper nicht so sehr zu kümmern. Das erste Mittel ist zeitlich und läßt die Trauer wiederkommen, das zweite hingegen ewig, beständig und unveränderlich. *

[3] Der zweite Einwand kann folgender sein: Da wir sehen, daß die Seele, obwohl sie mit dem Körper nichts gemein hat, doch

[31] Trauer wird im Menschen durch die Meinung verursacht, daß ihn etwas Schlechtes trifft, nämlich der Verlust irgendeines Guten. Eine solche Meinung bringt zuwege, daß die Lebensgeister sich um das Herz gruppieren und es mit Hilfe anderer Teile zusammenpressen und umschließen, gerade umgekehrt als bei Freude. Dieses Zusammenpressen nimmt die Seele wiederum wahr und quält sie. Was bringen hier Medizin oder Wein zuwege? Dies, daß sie durch ihr Wirken diese Lebensgeister vom Herzen wegtreiben und wieder Raum schaffen, was die Seele wahrnimmt und wodurch sie Erquikkung erfährt, die darin besteht, daß die Vorstellung des Schlechten durch die vom Wein verursachte andere Proportion von Bewegung und Ruhe abgelenkt wird und in eine andere Vorstellung fällt, in der der Verstand mehr Zufriedenheit findet. Aber dies kann keine unmittelbare Wirkung des Weins auf die Seele sein, sondern bloß des Weins auf die Lebensgeister.

zuwege bringen kann, daß die Lebensgeister, die sich nach der einen Seite hin bewegt hätten, sich jetzt nach der anderen Seite hin bewegen, warum könnte sie dann nicht auch bewirken, daß ein völlig ruhender Körper anfinge, sich zu bewegen?[32] Und ebenso, warum könnte sie dann nicht ebenso

[32] Daß dieser eine Modus auf den anderen, von dem er unendlich verschieden ist, wirkt, enthält keine Schwierigkeit, denn es ist wie bei dem Teil eines Ganzen, weil die Seele niemals ohne den Körper noch der Körper ohne die Seele existiert. Das entwickeln wir folgendermaßen:

1. Es existiert ein vollkommenes Seiendes. 2. Es können nicht zwei Substanzen existieren. 3. Keine Substanz kann einen Anfang haben. 4. Jedes [Attribut] ist in seiner Gattung unendlich. 5. Es muß auch ein Attribut existieren, das Denken ist. 6. Es existiert nichts in der Natur, von dem es nicht im Attribut Denken eine Idee gibt, die aus * ihm der Essenz wie Existenz nach hervorgeht. 7. Nun weiter: 8. Sofern die Essenz ohne Existenz von [bloßen] Bezeichnungen der Dinge her begriffen wird, kann deren Idee nicht als etwas Besonderes angesehen werden; dies kann vielmehr erst dann geschehen, wenn es Existenz und Essenz zusammen gibt, weil es nämlich erst dann ein Objekt gibt, das zuvor nicht existiert hat. Wenn zum Beispiel die Mauer ganz weiß ist, gibt es darin kein dies oder das usw. 9. Eine solche Idee, für sich ohne alle anderen Ideen genommen, kann nichts weiter sein als die Idee gerade dieses Dinges, ohne selber eine Erkenntnis von ihm zu haben; denn eine solche Idee, so betrachtet, ist nur ein Teil und kann deshalb von sich selbst und ihrem Objekt keinen vollkommen klaren und deutlichen Begriff haben. Ihn kann allein das Attribut Denken haben, das allein die ganze Natur ist, nicht aber ein Teil, außerhalb seines Ganzen betrachtet, usw. 10. Zwischen der Idee und dem Objekt muß notwendigerweise eine Vereinigung sein, weil das eine ohne das andere nicht existieren kann; denn es gibt kein Ding, dessen Idee nicht im Attribut Denken wäre, und es kann keine Idee existieren, wenn nicht das Ding ebenfalls existierte. Ferner kann das Objekt nicht verändert werden, ohne daß auch die Idee verändert würde und umgekehrt, so daß hier keine dritte Instanz als Ursache der Vereinigung von Seele und Körper nötig ist. Doch ist zu bemerken, daß wir hier von solchen Ideen sprechen, die in Gott notwendigerweise aus der Existenz zusammen mit der Essenz der Dinge entstehen, nicht aber von Ideen, deren

alle Körper, die schon in Bewegung sind, in die Richtung bewegen, in die sie will?

[4] Wenn wir uns aber an das erinnern, was wir über das Attribut Denken gesagt haben, werden wir diese Schwierigkeiten leicht beheben können. Wir haben nämlich gesagt: Obwohl die Natur verschiedene[33] Attribute hat, ist sie doch nur ein einziges Seiendes, von dem sie allesamt ausgesagt werden. Außerdem haben wir gesagt: Auch das Attribut Denken ist einzig in der Natur, die von unendlich vielen Ideen entsprechend den unendlich vielen Dingen, die in der Natur sind, ausgedrückt wird. Denn wenn in der körperlichen Welt ein Modus auftritt, zum Beispiel der Körper von Peter, und dann noch einer, zum Beispiel der Körper von Paul, dann gibt es im Attribut Denken zwei verschiedene Ideen, nämlich eine * von Peters Körper, die Peters Seele ausmacht, und eine andere von Pauls Körper, die Pauls Seele ausmacht. Das bedeutet, daß

Dinge sich uns dadurch als jetzt existierend kundtun, daß sie auf uns wirken, was ein großer Unterschied ist. Denn die Ideen, die in Gott sind, entstehen nicht, wie in uns, aus einem oder mehreren Sinnen und werden daher auch nicht, fast immer unvollkommen, von ihnen affiziert, sondern aus der [göttlichen] Existenz und Essenz gemäß allem, was sie sind. Obwohl meine Idee nicht deine ist, ist sie [der Essenz nach] in uns beiden doch [die Idee] ein und desselben Dinges.

[33] Es ist klar, daß im Menschen, weil er einen Anfang gehabt hat, kein anderes Attribut zu finden ist außer denen, die schon in der Natur existierten. Und weil er aus einem Körper besteht, von dem notwendigerweise eine Idee im Attribut Denken sein muß, und diese Idee notwendigerweise mit dem Körper vereinigt sein muß, behaupten wir ohne Scheu, daß seine Seele nichts anderes ist als die Idee dieses Körpers im Attribut Denken. Weil nun dieser Körper Bewegung und Ruhe hat (die proportioniert sind und gewöhnlich durch äußere Objekte modifiziert werden) und weil keine Veränderung im Objekt erfolgen kann, ohne daß dieser Vorgang auch in der Idee sich wirklich ereignet, ergibt sich daraus, daß der Mensch empfindet (idea reflexiva). Aber ich sage, „weil er eine Proportion von Bewegung und Ruhe hat", weil keine Wirkung im Körper erfolgen kann, ohne daß diese beiden Elemente zusammenwirken.

das Attribut Denken Peters Körper durch die Idee von Peters Körper bewegen kann, nicht aber durch die Idee von Pauls Körper; ebenso kann Pauls Seele ihren eigenen Körper bewegen, aber keineswegs einen anderen Körper, etwa den von Peter. Und aus diesem Grund kann sie auch keinen ruhenden Stein bewegen, denn im Attribut Denken macht dieser Stein wiederum eine andere Idee aus. Und darum ist nicht weniger klar, daß ein ruhender Körper unmöglich durch einen Modus von Denken bewegt werden könnte, aus den obigen Gründen.

[5] Der dritte mögliche Einwand ist dieser: Trotz allem scheint klar zu sein, daß wir im Körper eine gewisse Ruhe verursachen können, denn nach langer Bewegung unserer Lebensgeister finden wir uns ermüdet, und das ist ja wohl eine Ruhe, die wir in den Lebensgeistern hervorgerufen haben.

[6] Wir antworten darauf, daß die Seele in der Tat eine Ursache dieser Ruhe ist, aber nur indirekt; denn sie bringt die Ruhe nicht unmittelbar in die Bewegung, sondern nur über andere Körper, die sie bewegt hat und die dadurch zwangsläufig so viel an Ruhe verloren haben, wie sie den Lebensgeistern übermittelt haben. Woraus denn nach jeder Seite hin klar erhellt, daß es in der Natur nur eine einzige und selbe Gattung von Bewegung gibt. *

EINUNDZWANZIGSTES KAPITEL
Von der Vernunft

[1] Nunmehr müssen wir uns fragen, woher es kommt, daß wir manchmal zwar sehen, daß etwas gut oder schlecht ist, aber keine Macht in uns finden, das Gute zu tun oder das Schlechte zu lassen, manchmal aber doch.

[2] Das können wir leicht begreifen, wenn wir die Ursachen beachten, die in den Meinungen liegen und uns zufolge die Ursachen aller Affekte sind. Die Meinungen, so sagten wir, entstehen entweder aus Hörensagen oder aus Erfahrung. Und weil was in uns anzutreffen ist, mehr Macht über uns hat, als was uns von außen kommt, kann die Vernunft folglich Ursa-

che der Vernichtung derjenigen Meinungen[34] sein, die wir nur vom Hörensagen haben (und dies, weil die Vernunft uns dabei nicht von außen gekommen ist), aber keinesfalls derjenigen, die wir aus Erfahrung haben. *

[3] In der Tat ist die Macht, die uns die Sache selbst gibt, stets größer als die, die wir als Konsequenz aus einem anderen Sachverhalt bekommen, worauf wir auf S. 55 verwiesen haben, als wir von Vernunftschluß und klarer Erkenntnis gesprochen haben, damals am Beispiel der Regel de tri: In uns ist mehr Macht aus dem Erkennen gerade dieser Proportion als aus dem Erkennen der Regel der Proportion. Daraus ergibt sich auch, was wir so oft gesagt haben: Die eine Liebe wird durch eine andere, die größer ist, aufgehoben; denn unbedingt zurückweisen wollten wir, daß dies durch eine Begierde geschieht, die dem Vernunftschluß entspringt.

[34] Es läuft auf dasselbe hinaus, ob wir hier das Wort „Meinung" oder „Leidenschaft" gebrauchen; und so wird klar, warum wir die Leidenschaften, die uns durch Erfahrung entstehen, nicht durch Vernunft überwinden können. Denn sie bestehen gerade in dem Genuß von etwas oder der unmittelbaren Vereinigung mit etwas, was wir für gut halten, während die Vernunft uns das Bessere zwar zeigt, aber nicht genießen läßt. Was wir in uns genießen, kann nicht besiegt werden durch das, was wir nicht genießen und was außerhalb von uns ist, also durch das nicht, was die Vernunft zeigt. Um diese Leidenschaften besiegen zu können, muß es etwas Mächtigeres geben, wie den Genuß von (oder die unmittelbare Vereinigung mit) etwas, was, besser erkannt als das erste, auch stärker von uns genossen wird (wenn beides zusammentrifft, ist der Sieg immer notwendig). Es kann aber auch durch das Erleben von etwas Schlechtem geschehen, das für größer gehalten wird als das genossene Gute und ihm unmittelbar folgt. Die Erfahrung zeigt uns freilich, daß ein Schlechtes nicht immer folgen muß, denn usw. siehe Seite 62, 90.

ZWEIUNDZWANZIGSTES KAPITEL
Von der wahren Erkenntnis, der Wiedergeburt usw.

[1] Angesichts dessen, daß die Vernunft[35] keine Macht hat, uns zu unserem Glück zu bringen, bleibt noch zu untersuchen, ob wir durch die vierte und letzte Erkenntnisart dahin gelangen können. Nun haben wir gesagt, daß diese Erkenntnisart sich allein daraus ergibt, daß das Objekt selbst sich in dem Verstand unmittelbar manifestiert. Ist dieses Objekt vorzüglich und gut, wird die Seele mit ihm notwendigerweise vereinigt, so wie wir es hinsichtlich unseres Körpers gesagt haben.

[2] Hieraus folgt dann einwandfrei, daß die Erkenntnis es ist, die die Liebe verursacht; so daß, wenn wir in der genannten Weise Gott erkennen, wir uns notwendigerweise (denn er kann ausschließlich als das Beste und Höchstvollkommene uns erscheinen oder von uns erkannt werden) mit ihm vereinigen müssen, eine Vereinigung, in der allein, wie schon gesagt, unser Heil besteht. Ich sage nicht, daß wir ihn so, wie er ist, erkennen müssen, sondern für uns reicht es aus, um mit ihm vereinigt zu sein, ihn in bestimmter Weise zu erkennen. Denn * auch die Erkenntnis, die wir vom Körper haben, ist nicht so, daß wir ihn, wie er ist, erkennen würden, d.h. in vollkommener Weise, und doch welch eine Vereinigung! welch eine Liebe!

[3] Daß diese vierte Erkenntnis als Erkenntnis Gottes nicht aus [der Erkenntnis von] etwas anderem folgt, sondern unmittel-

[35] Alle Leidenschaften, die der gesunden Vernunft widerstreiten, entspringen (wie schon gezeigt) der Meinung. Alles, was in ihnen gut oder schlecht ist, wird uns durch die Überzeugung angezeigt. Aber keine der beiden Erkenntnisarten kann uns von ihnen befreien. Allein die dritte Art, nämlich die wahre Erkenntnis, ist es, die uns davon frei macht. Ohne sie können wir uns niemals von den Leidenschaften befreien, wie im folgenden nachgewiesen wird. Sollte dies nicht das sein, worüber andere unter anderen Namen so viel sprechen und schreiben? Wir sehen nicht, wie man die Sünde besser begreifen könnte als unter dem Titel Meinung, das Gesetz, das die Sünde anzeigt, unter dem der Überzeugung und die Gnade, die uns von der Sünde befreit, unter dem der wahren Erkenntnis.

bar ist, ergibt sich aus dem zuvor Bewiesenen, daß nämlich ihr Gegenstand die Ursache aller Erkenntnis ist, eine Ursache, die allein durch sich selbst und durch nichts anderes erkannt wird; außerdem folgt daraus noch, daß wir mit ihm durch die Natur so vereinigt sind, daß wir ohne ihn weder existieren noch begriffen werden können. Und weil zwischen Gott und uns eine solch enge Vereinigung ist, ist evident, daß wir ihn nur unmittelbar begreifen können.

[4] Die Vereinigung, die wir mit ihm durch die Natur und die Liebe haben, wollen wir nun zu erklären suchen.

Wir haben schon gesagt, daß in der Natur kein Ding existieren kann, von dem es nicht in der Seele eine Idee genau dieses Dinges gibt.[36] Entsprechend der unterschiedlichen Vollkommenheit des Dinges ist auch die Vereinigung (einschließlich ihrer Wirkungen) der Idee mit dem Ding mehr oder weniger vollkommen, also auch diejenige mit Gott selbst.

[5] In der Tat, weil die ganze Natur eine einzige Substanz ist, deren Essenz unendlich ist, sind alle Dinge durch die Natur vereinigt, und zwar in Einem vereinigt, nämlich in Gott. Weil nun der Körper das erste ist, was unsere Seele wahrnimmt (weil, wie gesagt, nichts in der Natur sein kann, von dem es nicht im Attribut Denken eine Idee gibt, die die Seele dieses Dinges ist), muß dieses Ding notwendigerweise die erste Ursache der Idee sein.[37]

Da diese Idee sich aber in der Erkenntnis des Körpers keinesfalls beruhigen kann, ohne in die Erkenntnis dessen überzugehen, ohne das der Körper und die Idee selbst weder

[36] Hierdurch wird zugleich klar, was wir im ersten Teil gesagt haben, daß nämlich der unendliche Verstand, den wir Sohn Gottes nannten, von aller Ewigkeit her in der Natur existieren muß. Denn weil Gott von Ewigkeit her existiert hat, muß auch seine Idee in derselben Weise im Attribut Denken, d.h. in ihm selbst, existieren, welche Idee mit ihm selbst objektiv übereinkommt, s. S. 47.

[37] D.h. unsere Seele hat als Idee des Körpers aus dem Körper ihr erstes Sein; denn sie ist nichts anderes als eine Repräsentation des Körpers, sowohl im ganzen wie im einzelnen, im Attribut Denken.

existieren noch begriffen werden können, wird sie, nachdem sie es erkannt hat, sogleich mit ihm durch Liebe vereinigt.

[6] Diese Vereinigung wird besser begriffen und in ihrem Gehalt besser hergeleitet aus dem Zusammenwirken [der Seele] mit dem Körper, woraus wir sehen, wie durch die Erkenntnis und die auf körperliche Dinge bezogenen Affekte all die Wirkungen entstehen, die wir in unserem Körper durch die Bewegung der Lebensgeister wahrnehmen. Und wenn einmal unsere Erkenntnis und Liebe dazu kommt, auf dasjenige zu fallen, ohne das wir weder existieren noch begriffen werden können und das nicht körperlich ist, dann werden und müssen die Wirkungen, die dieser Vereinigung entspringen, unvergleichlich besser und vortrefflicher sein; denn sie müssen notwendigerweise gemäß dem Ding verfaßt sein, mit dem die Idee vereinigt ist.

[7] Sobald wir diese Wirkungen wahrnehmen, können wir mit Wahrheit sagen, wiedergeboren zu sein. Denn unsere erste Geburt kam zustande, als wir uns mit dem Körper vereinigten, woraus die Wirkungen und die Bewegungen der Lebensgeister entstanden sind; aber unsere andere (oder zweite) Geburt wird dann sein, sobald wir in uns die ganz anderen Wirkungen einer Liebe wahrnehmen, die durch die Erkenntnis dieses unkörperlichen Objekts zustandekommt. Dieser Vorgang unterscheidet sich von dem ersten so, wie körperlich und unkörperlich, Geist und Fleisch verschieden sind. Und das kann deshalb mit mehr Recht und Wahrheit Wiedergeburt genannt werden, weil allein dieser Form von Liebe und Vereinigung eine Beständigkeit entspringt, die ewig und unveränderlich ist, wie wir darlegen werden.

DREIUNDZWANZIGSTES KAPITEL

Von der Unsterblichkeit der Seele *

[1] Wenn wir mit Aufmerksamkeit studieren, was die Seele ist und woraus in ihr Veränderung und Dauer entstehen, sehen wir leicht, ob sie sterblich oder unsterblich ist. Die Seele ist, haben wir gesagt, eine Idee im Attribut Denken, die der Existenz eines Dinges in der Natur entspringt. Daraus folgt, daß die Dauer und Veränderung der Seele wie die Dauer und Veränderung des Dinges sein müssen. Im übrigen haben wir gezeigt, daß die Seele entweder mit dem Körper, dessen Idee sie ist, vereinigt sein kann oder mit Gott, ohne den sie weder existieren noch begriffen werden kann.

[2] Daraus kann man leicht sehen: 1. Sofern sie nur mit dem Körper vereinigt ist und der Körper vergeht, muß auch sie vergehen; denn beim Vergehen des Körpers als dem Fundament ihrer Liebe muß sie mit ihm zugrunde gehen. 2. Sofern sie hingegen mit einem anderen Ding, das unveränderlich ist und bleibt, vereinigt ist, wird auch sie, anders als im ersten Fall, unveränderlich bleiben müssen. Denn wodurch wäre es möglich, daß sie zugrunde gehen könnte? Nicht durch sich selbst; denn sowenig sie fähig war, als sie nicht existierte, sich selbst zur Existenz zu bringen, sowenig ist sie jetzt, da sie existiert, fähig, sich zu verändern oder zum Untergang zu bringen. Also muß allein das, was die Ursache ihrer Existenz ist, auch (wenn sie dazu kommt, zugrunde zu gehen) die Ursache ihrer Nicht-Existenz sein, weil es selbst sich dann verändert oder vernichtet haben wird.

VIERUNDZWANZIGSTES KAPITEL
Von Gottes Liebe zum Menschen

[1] Wir glauben bisher hinreichend dargetan zu haben, was unsere Liebe zu Gott und ihre Wirkung ist, nämlich unsere ewige Dauer. Daher halten wir es nicht für nötig, noch von anderen Dingen, wie der Freude in Gott, der Ruhe des Gemüts usw., zu sprechen, da leicht dem Gesagten zu entnehmen ist, was es damit auf sich hat und darüber zu sagen wäre.

[2] Es bleibt noch zu sehen (weil wir bisher bloß von unserer Liebe zu Gott gesprochen haben), ob es auch eine Liebe Gottes zu uns gibt, d. h. ob Gott auch die Menschen liebt, sofern sie ihn lieben.

Zunächst einmal, wir haben gesagt, daß Formen des Denkens, wie sie sich in den Geschöpfen finden, Gott nicht zugeschrieben werden können, so daß man nicht sagen kann, Gott liebe die Menschen. Noch viel weniger [kann man aber sagen], er liebe sie, weil sie ihn lieben, und hasse sie, weil sie ihn hassen. In der Tat müßte man dann unterstellen, daß die Menschen, [wenn sie Gott lieben], dies freiwillig tun und nicht von einer ersten Ursache abhängen, also, wie wir zuvor bewiesen haben, etwas Falsches. Überdies würde das in Gott eine große Veränderlichkeit mit sich bringen. Er, der vorher weder geliebt noch gehaßt hatte, würde jetzt anfangen zu lieben und zu hassen, dazu veranlaßt von etwas ihm Äußeren – die Ungereimtheit selbst. *

[3] Wenn wir sagen, daß Gott den Menschen nicht liebt, ist das indessen nicht so zu verstehen, als ob er den Menschen (sozusagen) allein laufen ließe, sondern so, daß in Gott, weil der Mensch zusammen mit allem, was existiert, so sehr in ihm ist und Gott so sehr aus allem, was existiert, besteht, nicht wirklich Liebe zu etwas anderem sein kann, da ja alles in einem Einzigen besteht, das Gott selbst ist.

[4] Hieraus folgt zugleich, daß Gott den Menschen nicht Gesetze gibt, um sie für deren Erfüllung zu belohnen, oder um es klarer zu sagen, daß Gottes Gesetze nicht von solcher Natur sind, daß sie übertreten werden können. In der Tat sind die von *

Gott in die Natur gesetzten Regeln, nach denen alle Dinge entstehen und dauern (wenn wir sie Gesetze nennen wollen) derart, daß sie niemals übertreten werden können; daß der Schwächere vor dem Stärkeren weichen muß, daß eine Ursache nicht mehr hervorbringen kann, als sie in sich hat, diese und andere Bestimmungen sind von der Art, daß sie sich niemals verändern und nicht irgendwann begonnen haben, sondern alles immer schon durch sie geregelt und geordnet ist.

[5] Um kurz zu diesem Thema etwas zu sagen: Gesetze, die nicht übertreten werden können, sind allesamt göttliche Gesetze; der Grund: weil alles, was sich ereignet, nicht gegen, sondern gemäß Gottes Beschluß geschieht. Gesetze, die übertreten werden können, sind durchweg menschliche Gesetze; der Grund: weil bei allem, was Menschen für ihr Glück beschließen, daraus nicht folgt, daß es auch dem Gedeihen der ganzen Natur dienlich ist, sondern im Gegenteil die Vernichtung vieler anderer Dinge einschließen kann.

[6] Weil die Gesetze der Natur mächtiger sind als die der Menschen, heben sie diese auf. Die göttlichen Gesetze sind der letzte Zweck, der in ihnen selbst liegt, und deshalb nicht anderen Zwecken untergeordnet. Die menschlichen Gesetze sind es nicht, und obgleich Menschen Gesetze zu ihrem eigenen Glück erlassen und mit ihnen nichts anderes bezwekken, als ihr eigenes Glück zu fördern, kann dieser ihr Zweck (untergeordnet anderen Zwecken, die ein anderer, der über ihnen steht, im Auge hat und der die Menschen als Teil der Natur in dieser Weise handeln läßt) auch dazu dienen, mit diesen ewigen Gesetzen, die Gott von Ewigkeit her gesetzt hat, zusammen zu gehen und so mit allen übrigen Dingen daran teilzuhaben, alles zu bewirken.

Obschon zum Beispiel die Bienen mit all ihrer Arbeit und festen Ordnung, die sie untereinander halten, keinen anderen Zweck im Auge haben, als sich für den Winter mit einem bestimmten Vorrat einzudecken, hat doch der Mensch, der über ihnen steht, wenn er sie unterhält und pflegt, einen ganz anderen Zweck, nämlich für sich selbst Honig zu bekommen. So hat auch der Mensch in seiner Besonderheit sein Augenmerk nur auf das, was die ihn ausmachende Essenz in ihrer Begrenztheit erreichen kann. Aber als Teil und Werkzeug der ganzen Natur kann der Zweck, den er verfolgt, nicht der letzte Zweck der Natur sein, weil die Natur unendlich ist und ihn, wie alles übrige, als Werkzeug gebrauchen muß.

[7] Soweit über das von Gott gegebene Gesetz. Es bleibt noch zu bemerken, daß auch der Mensch in sich selbst um ein doppeltes Gesetz weiß, freilich nur der Mensch, der seinen Verstand gut gebraucht und zur Erkenntnis Gottes gelangt – das eine bestimmt durch die Gemeinschaft, die er mit Gott hat, das andere durch die Gemeinschaft, die er mit den Modi in der Natur hat.

[8] Von diesen beiden Gesetzen ist das eine notwendig, das andere nicht. Denn was das Gesetz betrifft, das aus unserer Gemeinschaft mit Gott entsteht: Da der Mensch Gott niemals verlassen kann, sondern immer mit ihm notwendigerweise vereinigt ist, hat er die Gesetze, gemäß denen er vor Gott und mit Gott leben muß, vor Augen und muß sie immer vor Augen haben. Was hingegen das Gesetz angeht, das aus der Gemeinschaft mit den Modi entsteht: Es ist, da er selbst sich von den Menschen absondern kann, nicht auch notwendig.

[9] Angesichts unserer These einer solchen Gemeinschaft zwischen Gott und Mensch könnte man mit Recht fragen, wie Gott sich den Menschen kundtun kann, und, wenn es geschieht oder geschehen könnte, ob durch gesprochene Worte oder aber unmittelbar, ohne sich hierfür auf irgendwelche Mittel zu stützen.

[10] Wir antworten: durch Worte keinesfalls, denn in diesem Fall hätte der Mensch die Bedeutung der Worte schon kennen müssen, bevor sie zu ihm gesprochen wurden. Wenn zum Beispiel Gott den Israeliten gesagt hatte: „Ich bin Jehovah, euer Gott", hätten sie schon vorher, ohne die Worte, wissen müssen, daß er Gott ist, also ohne [durch Worte] versichert zu bekommen, daß es sich um ihn handelt. In der Tat wußten sie sehr wohl, daß Stimme, Donner und Blitz nicht Gott waren, obwohl die Stimme sagte, daß es sich um Gott handelt. Was wir hier von Worten sagen, wollen wir von allen äußeren Zei-

chen gesagt haben, denn wir halten es generell für unmöglich, daß Gott sich den Menschen mittels äußerer Zeichen kundtun könnte. *

[11] Zu betonen, daß es ausschließlich durch Gottes Essenz und den menschlichen Verstand geschehen kann, halten wir für unnötig; denn weil das in uns, was Gott erkennen muß, der Verstand ist und dieser mit Gott so unmittelbar vereinigt ist, daß er ohne ihn weder existieren noch begriffen werden kann, ergibt sich unausweichlich, daß so eng mit dem Verstand nichts anderes verbunden sein kann als Gott selbst.

[12] Es ist auch unmöglich, Gott über etwas anderes erkennen zu können: 1. weil dieses Andere uns mehr bekannt sein müßte als Gott selbst, was offensichtlich allem bis jetzt klar Erwiesenen zuwiderläuft, daß nämlich Gott die Ursache unserer Erkenntnis wie aller Essenz ist und alle besonderen Dinge ohne ihn nicht nur nicht existieren, sondern auch nicht begriffen werden können; 2. weil wir zur Erkenntnis Gottes niemals mit Hilfe eines anderen Dinges, dessen Essenz notwendigerweise begrenzt ist, gelangen können, selbst wenn es uns besser bekannt wäre. Wie wäre es auch möglich, ein unendliches und unbegrenztes Ding aus einem begrenzten herleiten zu können?

[13] Denn mögen wir auch irgendwelche Wirkungen oder Werke in der Natur bemerkt haben, deren Ursache uns unbekannt war, daraus können wir indessen unmöglich auf ein unendliches und unbegrenztes Ding in der Natur schließen, das so etwas hervorruft. Denn ob sich hierfür viele Ursachen zusammengetan haben oder bloß eine einzige am Werk war, wie können wir das wissen? wer wird uns das sagen? *

So ziehen wir endlich den Schluß, daß Gott, um sich dem Menschen kundzutun, nicht Worte oder Wunder noch irgendein anderes erschaffenes Ding benutzen kann oder gar muß, sondern allein sich selbst.

FÜNFUNDZWANZIGSTES KAPITEL
Über Teufel

[1] Zu Teufeln, ob sie existieren oder nicht existieren, wollen wir jetzt etwas in Kürze sagen. Ist der Teufel ein Gebilde, das Gott absolut entgegengesetzt ist und von Gott gar nichts hat, dann kommt er genau mit dem Nichts überein, von dem wir weiter oben gesprochen haben.

[2] Nehmen wir, wie einige es tun, einmal an, er ist irgendein denkendes Ding, das überhaupt nichts Gutes will noch tut und so sich Gott absolut widersetzt, dann ist er sicher ganz elend, und sollten Gebete helfen können, müßte man zu seiner Bekehrung für ihn beten.

[3] Sehen wir aber zunächst, ob ein so elendes Ding wohl einen einzigen Augenblick existieren könnte. Dann finden wir so- * gleich, daß dies nicht möglich ist; denn aus der Vollkommenheit des Dinges entsteht seine ganze Dauer, und je mehr an Essenz und Göttlichkeit die Dinge in sich haben, desto beständiger sind sie. Wie könnte dann, frage ich, der Teufel, der nicht die geringste Vollkommenheit in sich hat, trotz allem existieren? Dazu kommt, daß die Beständigkeit oder Dauer eines Modus des Attributs Denken einzig seiner durch Liebe verursachten Vereinigung mit Gott entspringt. Da in Teufeln das genaue Gegenteil dieser Vereinigung vorausgesetzt ist, können sie unmöglich existieren.

[4] Da es also nicht notwendig ist, Teufel anzunehmen, weshalb dann eine solche Annahme? Anders als andere bedürfen wir ihrer nicht, um die Ursachen von Haß, Neid, Zorn und dergleichen Leidenschaften zu finden, haben wir sie doch ohne derartige Fiktionen hinreichend klar aufgedeckt.

SECHSUNDZWANZIGSTES KAPITEL
Von wahrer Freiheit usw.

[1] Mit der These des vorigen Kapitels haben wir nicht nur deutlich machen wollen, daß es keine Teufel gibt, sondern auch, daß die Ursachen (oder um es in diesem Kontext besser auszudrücken: die sogenannten Sünden), die uns hindern, zu unserer Vollkommenheit zu gelangen, in uns selber liegen.

[2] Nun haben wir schon im Vorhergehenden dargetan, wie und gemäß welcher Weise, nämlich sowohl durch die Vernunft als auch durch die vierte Erkenntnisart, wir zu unserer Glückseligkeit gelangen müssen und wie die Leidenschaften aufzuheben sind. Nicht so, wie es gewöhnlich heißt, daß sie vorher unterdrückt werden müßten, um zur Erkenntnis und folglich zur Liebe Gottes gelangen zu können. Das wäre so, als ob man von einem Unwissenden wollte, daß er erst seine Unwissenheit aufgeben müßte, um zur Erkenntnis kommen zu können. Vielmehr ist es so, daß bloß die Erkenntnis Ursache der Vernichtung der Unwissenheit ist, wie aus dem Gesagten durchgängig klar ist. Ebenso ist dem Vorigen klar zu entnehmen, daß ohne Tugend oder (besser gesagt) ohne Leitung des Verstandes alles zum Verderben führt, wir keinerlei Ruhe genießen können und gleichsam außerhalb unseres Elementes leben. *

[3] Selbst wenn für den Verstand aus der Kraft der Erkenntnis und göttlichen Liebe nicht eine ewige, sondern nur zeitliche Ruhe folgt, ist es gleichwohl unsere Aufgabe, auch sie zu suchen, weil sie so beschaffen ist, daß man sie, wenn man sie genießt, für nichts anderes in der Welt eintauschen wollte. *

[4] Da dem so ist, können wir es mit Grund für eine große Ungereimtheit halten, was viele, die man im übrigen als große Theologen ansieht, sagen: Wenn aus der Liebe zu Gott kein ewiges Leben folgen müßte, dann würden sie das für sie Beste suchen – gerade so, als ob sie etwas Besseres als Gott finden könnten. Das ist ebenso naiv, wie wenn ein Fisch (für den es außerhalb des Wassers kein Leben gibt) sagte: Wenn für mich aus diesem Leben im Wasser kein ewiges Leben fol-

gen müßte, dann wollte ich aus dem Wasser aufs Land. Was können uns die, die Gott nicht kennen, auch anderes sagen?

[5] So sehen wir also, daß wir, um zu erreichen, was uns zufolge unser Heil und unsere Ruhe in Wahrheit ausmacht, nur das eine Prinzip nötig haben, nämlich auf unseren eigenen Vorteil bedacht zu sein, was allen Dingen ganz natürlich ist. Weil wir * nun erfahren, daß wir bei dem Trachten nach sinnlichen Vergnügen, Wollust und weltlichen Dingen in ihnen unser Heil nicht erlangen, sondern im Gegenteil unser Verderben, wählen wir statt dessen für unser Heil die Leitung unseres Verstandes. Weil wir mit ihr aber nicht vorankommen können, ohne zuvor zur Erkenntnis und Liebe Gottes gelangt zu sein, ist es unabdingbar gewesen, Gott zu suchen; und weil wir in den vorangehenden Betrachtungen und Erwägungen gefunden haben, daß er das höchste Gut ist, sind wir genötigt, hier innezuhalten und zu ruhen. Denn wir haben gesehen, daß außerhalb von ihm nichts anderes uns irgendein Heil geben kann und die wahre Freiheit darin besteht, mit den lieblichen Ketten der Gottesliebe gebunden zu sein und zu bleiben.

[6] Endlich sehen wir, daß der Vernunftschluß nicht das Vorzüglichste in uns ist, sondern nur eine Art Treppe, auf der wir bis zu dem gewünschten Ort emporsteigen, oder wie ein guter Geist, der uns ohne alle Falschheit und Betrug Botschaft vom höchsten Gut bringt, um uns dadurch anzuspornen, es zu suchen und uns mit ihm zu vereinigen, eine Vereinigung, in der unser höchstes Heil und unsere Glückseligkeit liegt. *

[7] So bleibt zum Abschluß dieses Werkes nur noch übrig, schnell anzuzeigen, was menschliche Freiheit ist und worin sie besteht. Hierfür stütze ich mich auf folgende Lehrsätze als sichere und bewiesene Sätze:

1. Je mehr ein Ding an Essenz hat, desto mehr hat es an Tätigkeit und desto weniger an Leiden. Denn es ist sicher, daß der Tätige tätig ist durch das, was es hat, und der Leidende leidend durch das, was es nicht hat.

2. Alles Leiden, das vom Nichtsein zum Sein oder vom Sein zum Nichtsein geht, muß von einem äußerlich Tätigen und nicht innerlich Tätigen her kommen; denn kein Ding, an sich

selbst betrachtet, hat in sich das Vermögen, um sich selbst zu vernichten, wenn es existiert, oder sich selbst hervorzubringen, wenn es nicht existiert.

3. Was nicht von äußeren Ursachen hervorgebracht ist, kann mit ihnen auch keine Gemeinschaft haben und folglich von ihnen weder verändert noch modifiziert werden. Daraus schließe ich auf den folgenden Lehrsatz:

4. Keine Wirkung einer immanenten oder inneren Ursache (was bei mir dasselbe ist) kann vergehen oder sich verändern, solange ihre Ursache bleibt. Denn ebenso, wie sie nicht von einer äußeren Ursache hervorgebracht worden ist, kann sie (nach dem 3. Lehrsatz) auch nicht von ihr modifiziert werden, und weil kein Ding anders als durch äußere Ursachen vernichtet werden kann, ist es unmöglich, daß diese Wirkung vergehen könnte, solange ihre Ursache dauert (nach dem 2. Lehrsatz).

5. Die uneingeschränkt freie Ursache, die allein Gott angemessen ist, ist die immanente; denn bei dieser Ursache hängt die Wirkung von ihr so ab, daß sie ohne sie weder existieren noch begriffen werden kann und auch keiner anderen Ursache unterworfen ist. Deshalb ist sie mit ihr so vereinigt, daß sie zusammen ein Ganzes bilden.

[8] Sehen wir nun, was wir aus diesen Lehrsätzen schließen können. Zunächst also:

1. Da Gottes Essenz unendlich ist, hat sie unendliche Tätigkeit und unendliche Verneinung alles Leidens (nach dem 1. Lehrsatz); und folglich haben die Dinge, je mehr sie durch ihre größere Essenz mit Gott vereinigt sind, entsprechend mehr an Tätigkeit und weniger an Leiden, und umso mehr sind sie auch frei von Veränderung und Verderben.

2. Der wahre Verstand kann niemals vergehen, denn er kann in sich selbst keine Ursache haben, die ihn vergehen ließe (nach dem 2. Lehrsatz); und weil keine äußeren Ursachen ihn hervorbringen, sondern Gott [seine alleinige Ursache ist], kann er keiner Veränderung unterliegen (nach dem 3. Lehrsatz). Und weil Gott ihn unmittelbar hervorgebracht hat und Gott allein eine innere Ursache ist, folgt unausweichlich, daß

er nicht vergehen kann, solange seine Ursache bleibt (nach dem 4. Lehrsatz). Nun ist seine Ursache ewig und also auch er.

3. Alle Wirkungen des Verstandes, die mit ihm vereinigt sind, sind die vortrefflichsten und müssen mehr als alle anderen geschätzt werden; sie sind es nämlich, weil sie innere Wirkungen sind (nach dem 5. Lehrsatz); und was noch mehr ist, sie sind ewig, weil ihre Ursache ewig ist.

4. Alles, was außerhalb von uns unsere Wirkung ist, ist um so vollkommener, je fähiger es ist, sich mit uns zu vereinigen, um mit uns dieselbe Natur zu bilden; denn auf diese Weise kommt es inneren Wirkungen am nächsten. Wenn ich zum Beispiel meinem Nächsten die Liebe zu Vergnügungen, Ruhm und Habgier beibringe, bin ich selbst, ob ich diese Dinge nun gleichfalls liebe oder nicht, so oder so gehauen und geschlagen; das ist klar. Nicht aber, wenn der Zweck, auf den allein ich aus bin, darin besteht, die Vereinigung mit Gott genießen zu können, in mir wahre Ideen hervorzubringen und sie auch meinem Nächsten mitzuteilen. Denn dieses Heils können wir alle gleichermaßen teilhaftig sein, was eintritt, sobald mein * Bemühen im Nächsten dieselbe Begierde wie in mir hervorbringt und dadurch zuwege bringt, daß sein Wille und mein Wille ein und derselbe Wille sind, ein und dieselbe Natur bildend, und wir immer in allem übereinstimmen.

[9] Aus all dem Gesagten ist sehr leicht zu begreifen, was menschliche Freiheit ist,[38] die wir so definieren: Sie ist eine feste Existenz, die unser Verstand durch die unmittelbare Vereinigung mit Gott erhält, um in sich selbst Ideen und außerhalb von sich Wirkungen hervorbringen zu können, die mit seiner Natur übereinstimmen, ohne daß diese Wirkungen einer äußeren Ursache unterworfen wären, die ihn verändern oder modifizieren könnte. Daraus wird klar, welche Dinge in unserer Macht stehen und keiner äußeren Ursache unterworfen sind. Zugleich und auf andere Weise als zuvor haben wir damit die

[38] Die Knechtschaft eines Dinges besteht darin, einer äußeren Ursache unterworfen zu sein, seine Freiheit dagegen darin, ihr nicht unterworfen, sondern von ihr befreit zu sein.

ewige und beständige Dauer unseres Verstandes bewiesen, und endlich, welche Wirkungen es sind, die wir höher schätzen müssen als alle anderen.

SCHLUSS

[10] Um nun mit allem zu Ende zu kommen, bleibt mir nur noch, * den Freunden, für die ich dieses schreibe, zu sagen: Seid nicht verwundert über die hier dargelegten Neuheiten, denn es ist euch sehr wohl bekannt, daß eine Sache nicht allein aus dem Grund aufhört, Wahrheit zu sein, daß sie nicht von vielen angenommen wird. Und weil euch die Beschaffenheit des Zeitalters, in dem wir leben, nicht unbekannt ist, will ich euch bitten, höchst vorsichtig zu sein, was die Mitteilung dieser Dinge an andere angeht. Ich will damit nicht sagen, daß ihr sie ganz und gar bei euch behalten sollt, sondern nur, daß euch, wenn ihr jemals anfangt, sie jemandem mitzuteilen, kein anderes Interesse treibe als allein das Heil eures Nächsten, wobei ihr von ihm, so weit es geht, versichert sein könnt, daß die Belohnung eurer Arbeit nicht ausbleiben wird. Wenn euch schließlich beim Durchlesen ein Bedenken gegen das kommt, was ich behaupte, so bitte ich euch, sich deshalb nicht übereilt an die Widerlegung zu machen, ohne hinreichend Zeit und Nachdenken darauf verwandt zu haben. Tut ihr das, bin ich sicher, daß ihr in den Genuß der Früchte kommen werdet, den ihr euch von diesem Baum versprecht.

Ende

ANHANG

[AXIOME UND LEHRSÄTZE] *

Axiome

1. Was Substanz ist, existiert seiner Natur nach vor allen seinen Modifikationen.

2. Dinge, die verschieden sind, unterscheiden sich entweder real oder modal.

3. Dinge, die sich real unterscheiden, haben entweder verschiedene Attribute (wie Denken und Ausdehnung) oder sind verschiedenen Attributen zugeordnet (wie Verstand und Bewegung), von denen das eine zum Denken gehört und das andere zur Ausdehnung.

4. Dinge, die verschiedene Attribute haben, ebenso wie Dinge, die zu verschiedenen Attributen gehören, haben in sich nichts voneinander.

5. Was in sich nichts von einem anderen Ding hat, kann auch nicht Ursache der Existenz eines solchen anderen Dinges sein.

6. Was Ursache seiner selbst ist, kann unmöglich sich selbst begrenzt haben.

7. Das, wodurch Dinge sich unterscheiden, ist seiner Natur nach vor solchen Dingen.

Lehrsatz 1

Keiner real existierenden Substanz kann dasselbe Attribut zukommen, das einer anderen Substanz zukommt, oder (was dasselbe ist) in der Natur können zwei Substanzen nur, wenn sie sich real unterscheiden, existieren.

Beweis: Vorausgesetzt, zwei Substanzen sind verschieden, dann (Axiom 2) unterscheiden sie sich entweder real oder modal; nicht modal, denn (Axiom 7) dann wären die Modi ihrer Natur nach vor der Substanz (gegen Axiom 1); also real, und dann (Axiom 4) kann von der einen nicht behauptet werden, was von der anderen behauptet wird, was wir beweisen wollten.

Lehrsatz 2

Eine Substanz kann nicht Ursache der Existenz einer anderen Substanz sein.

Beweis: Sie kann nichts in sich haben, was Ursache einer solchen Wirkung ist; denn (Lehrsatz 1) der Unterschied zwischen Substanzen ist real, und folglich (Axiom 5) kann sie diese Existenz nicht hervorbringen.

Lehrsatz 3

Jedes Attribut (oder jede Substanz) ist seiner Natur nach unendlich und höchstvollkommen in seiner Gattung.

Beweis: Keine Substanz ist von einer anderen verursacht (Lehrsatz 2), und folglich, wenn sie existiert, ist sie entweder ein Attribut Gottes oder, außerhalb Gottes, Ursache ihrer selbst gewesen. Im ersten Fall ist sie notwendigerweise unendlich und höchstvollkommen in ihrer Gattung, wie es alle anderen Attribute Gottes sind. Im zweiten Fall ist sie es auch notwendigerweise, denn (Axiom 6) sich selbst hätte sie nicht begrenzt haben können.

Lehrsatz 4

Zur Essenz jeder Substanz gehört von Natur aus Existenz, so sehr, daß es unmöglich ist, in einen unendlichen Verstand die Idee der Essenz einer Substanz zu setzen, die nicht in der Natur existiert.

Beweis: Die wahrhafte Essenz eines Objekts ist von der Idee dieses Objekts real verschieden und existiert (Axiom 2) entweder real oder ist in einem anderen real existierenden Ding einbegriffen, von dem man sie nicht real, sondern nur modal unterscheiden kann. Derart sind alle Essenzen der Dinge, die wir sehen, die, als die Dinge nicht existierten, im Attribut Ausdehnung, in Bewegung und Ruhe, einbegriffen waren und jetzt, da sie existieren, sich nicht real, sondern nur modal von Ausdehnung unterscheiden. Widersprüchlich ist darüber hinaus, daß die Essenz einer Substanz so in einem anderen Ding enthalten wäre, daß die Substanz sich von ihm nicht real unterscheidet (gegen den 1. Lehrsatz), und auch, daß sie von dem Subjekt, das es enthält, hervorgebracht werden könnte (gegen den 2. Lehrsatz), und endlich, daß sie ihrer Natur nach nicht unendlich und höchstvollkommen in ihrer Gattung sein könnte (gegen den 3. Lehrsatz). Also ist sie, weil ihre Essenz nicht in irgendeinem anderen Ding enthalten ist, ein Ding, das durch sich selbst existiert.

Folgesatz

Die Natur wird durch sich selbst erkannt und nicht durch irgendein anderes Ding. Sie besteht aus unendlich vielen Attributen, von denen jedes unendlich und vollkommen in seiner Gattung ist; zu ihrer Essenz gehört Existenz in der Weise, daß außerhalb von ihr keine weitere Essenz oder Existenz ist, sie also mit der Essenz des allein herrlichen und hochgelobten Gottes genau übereinkommt.

VON DER MENSCHLICHEN SEELE

[1] Weil der Mensch ein erschaffenes endliches Ding usw. ist, ist was er an Denken hat und wir Seele nennen, notwendigerweise eine Modifikation des Attributs, das Denken heißt, ohne daß zu seiner Essenz ein anderes Ding als genau diese Modifikation gehört, und zwar so sehr, daß, wenn sie zugrunde geht, auch die Seele vernichtet wird, obwohl das genannte Attribut unveränderlich bleibt.

[2] Ebenso ist was der Mensch an Ausdehnung hat und wir Körper nennen, nichts weiter als eine Modifikation des Attributs, das Ausdehnung heißt, und zwar so sehr, daß, wenn sie zugrunde geht, der menschliche Körper nicht mehr existiert, obwohl das Attribut Ausdehnung unveränderlich bleibt.

[3] Um nun zu begreifen, was diese Modifikation, die wir Seele nennen, ist und wie sie ihren Ursprung vom Körper hat und auch, wie ihre Veränderung nur vom Körper abhängt (was für mich die Vereinigung von Seele und Körper ist), muß bemerkt werden:

1. Die im höchsten Maße unmittelbare Modifikation des Attributs, das Denken heißt, hat die an sich seiende Essenz aller Dinge objektiv in sich, und zwar so sehr, daß bei Annahme eines an sich seienden Dinges, dessen Essenz nicht objektiv in dem in Frage stehenden Attribut ist, dieses Attribut nicht unendlich und höchstvollkommen in seiner Gattung wäre, konträr zu dem im 3. Lehrsatz Bewiesenen.

[4] Und weil die Natur oder Gott ein Seiendes ist, von dem unendliche Attribute ausgesagt werden und das alle Essenzen der erschaffenen Dinge in sich enthält, ist es notwendig, daß im Attribut Denken von alldem eine unendliche Idee hervorgebracht ist, die in sich die ganze Natur, wie diese in sich selbst ist, objektiv enthält.

[5] 2. ist zu bemerken: Alle übrigen Modifikationen wie Liebe, Begierde, Freude haben ihren Ursprung in dieser ersten unmittelbaren Modifikation, so daß, ginge sie nicht voraus, es weder Liebe noch Begierde usw. geben könnte.

[6] Daraus läßt sich klar erschließen, daß die Liebe, die in jedem Ding von Natur aus ist [als Tendenz], den eigenen Körper (verstanden als Modifikation) zu erhalten, ihren Ursprung allein in der Idee oder objektiven Essenz haben kann, die im Attribut Denken die Idee dieses Körpers ist.

[7] Nun weiter: Angesichts dessen, daß für die wirkliche Existenz einer Idee (oder die objektive Essenz) nichts weiter erforderlich ist als das Attribut Denken und das Objekt (oder die an sich seiende Essenz), ist sicher, wie wir gesagt haben, daß die Idee, d. h. die objektive Essenz, die im höchsten Maße unmittelbare[39] Modifikation des Attributs ist. Folglich kann im Attribut Denken keine andere zur Essenz der Seele eines jeden Dinges gehörende Modifikation gegeben sein als die Idee, die als Idee eines solchen wirklich existierenden Dinges notwendigerweise im Attribut Denken existieren muß, denn sie bringt die übrigen Modifikationen wie Liebe, Begierde usw., mit sich. Und jetzt: Angesichts dessen, daß die Idee aus der Existenz des Objekts hervorgeht, muß, wenn das Objekt sich verändert oder vernichtet wird, in demselben Maße auch seine Idee sich verändern oder vernichtet werden; und weil es so ist, ist sie mit dem Objekt vereinigt.

[8] Schließlich, wollten wir uns darüber hinaus daran machen, der Essenz der Seele etwas zuzuschreiben, wodurch sie wirklich existieren könnte, ließe sich nichts weiter finden als das Attribut und das Objekt, von dem wir soeben gesprochen haben. Beide können aber nicht zur Essenz der Seele gehören, da das Objekt nichts vom Attribut Denken hat und von der Seele real unterschieden ist, und von dem Attribut haben wir bereits bewiesen, daß es nicht zu der in Frage stehenden Essenz gehören kann. Noch klarer wird es durch das, was wir danach gesagt haben: Das Attribut ist, sofern es Attribut ist, nicht mit dem Objekt vereinigt, weil es weder sich verändert noch vernichtet wird, auch wenn das Objekt sich verändert oder vergeht.

[39] Ich bezeichne als im höchsten Maße unmittelbare Modifikation eines Attributs die Modifikation, die zu ihrer Existenz nicht irgendeine andere Modifikation in demselben Attribut nötig hat.

[9] Allein darin besteht also die Essenz der Seele: in der Existenz einer Idee oder objektiven Essenz im Attribut Denken, die der Essenz eines in der Natur aktual existierenden Objekts entspringt. Ich sage „eines aktual existierenden Objekts usw." ohne weitere Bestimmung, um hierunter nicht nur die Modifikationen von Ausdehnung zu fassen, sondern auch die Modifikationen aller unendlichen Attribute, die, so gut wie die der Ausdehnung, eine Seele haben.

[10] Um diese Definition noch genauer zu verstehen, möge man auf das bei der Erörterung der Attribute schon Gesagte achten. Ich sagte[40], daß sie, die selber Subjekt ihrer Essenz sind, sich nicht ihrer Existenz nach unterscheiden, wie auch, daß die Essenz einer jeden Modifikation in den in Frage stehenden Attributen enthalten ist, und endlich, daß alle Attribute Attribute Eines Seienden sind, das unendlich ist. Deshalb habe ich diese Idee im 9. Kapitel des 1. Teils „Geschöpf, unmittelbar von Gott erschaffen" genannt, da sie die an sich seiende Essenz aller Dinge objektiv in sich hat, ohne Mangel oder Übermaß. Eine solche Idee ist notwendigerweise einzig, weil alle Essenzen der Attribute und die Essenzen der in diesen Attributen enthaltenen Modifikationen die Essenz eines einzigen unendlichen Seienden sind.

[11] Es ist aber noch zu bemerken, daß die Modifikationen, selbst wenn keine von ihnen wirklich ist, trotzdem schon unterschiedslos in ihren Attributen enthalten sind. Weil es in den Attributen wie den Essenzen der Modifikationen keine Form von Ungleichheit gibt, kann es angesichts dessen, daß diese Modifikationen in der Natur nicht existieren, in der [unendlichen] Idee keine Besonderheit geben. Wenn aber einige dieser Modifikationen ihre besondere Existenz annehmen und sich dadurch in bestimmter Weise von ihren Attributen unterscheiden (weil in diesem Fall ihre besondere Existenz, die sie im Attribut haben, das Subjekt ihrer Essenz ist),

[40] Denn die Dinge unterscheiden sich durch das, was das erste in ihrer Natur ist; aber diese Essenz der Dinge geht deren Existenz voran; also ...

dann erscheint eine Besonderheit in den Essenzen der Modifikationen und folglich in deren objektiven Essenzen, die notwendigerweise in der einen [unendlichen] Idee enthalten sind.

[12] Das ist der Grund, warum wir bei der Definition gesagt haben, die Idee „entstehe aus einem Objekt, das in der Natur aktual existiert". Damit glauben wir hinreichend erklärt zu haben, was generell die Seele ist, indem wir mit dieser Definition nicht nur die Ideen verstehen, die aus körperlichen Modifikationen entstehen, sondern auch die, die aus der Existenz einer jeden Modifikation entstehen, also auch derjenigen der übrigen Attribute.

[13] Weil wir aber von den übrigen Attributen keine Erkenntnis haben, die vergleichbar wäre mit der von Ausdehnung, wollen wir jetzt sehen, ob wir für die Modifikationen von Ausdehnung eine bestimmtere Definition finden können, die besser geeignet ist, die Essenz unserer Seele auszudrücken; denn das ist unser eigentliches Vorhaben.

[14] Wir setzen dabei als bewiesen voraus, daß in Ausdehnung alle Modifikation unter Bewegung und Ruhe fällt und jedes besondere körperliche Ding nur eine bestimmte Proportion von Bewegung und Ruhe ist, und zwar in dem Maße, daß, wenn es in Ausdehnung nur Bewegung oder nur Ruhe gäbe, in diesem ganzen Attribut kein einziges besonderes Ding anzutreffen wäre oder existieren könnte. Der menschliche Körper ist also nichts anderes als eine bestimmte Proportion von Bewegung und Ruhe.

[15] Die objektive Essenz einer solchen existierenden und im Attribut Denken sich findenden Proportion ist, sagen wir, die Seele des Körpers. Wenn nun ein Glied dieser [ursprünglichen] Modifikation (Bewegung oder Ruhe) sich zu einem Mehr oder Weniger verändert, dann verändert sich in demselben Maße auch die Idee. Wenn zum Beispiel die Ruhe größer wird und die Bewegung geringer, wird dadurch der Schmerz verursacht, den wir Kälte nennen, und wenn dies andererseits mit der Bewegung geschieht, wird dadurch der Schmerz verursacht, den wir Hitze nennen.

[16] Und wenn die Grade von Bewegung und Ruhe nicht in allen Teilen unseres Körpers gleichmäßig sind, sondern einige mehr Bewegung oder Ruhe haben als andere, entsteht daraus unser unterschiedliches Fühlen (etwa beim Schmerz, wenn uns mit einem Stock einmal in die Augen und einmal auf die Hände geschlagen wird). Und wenn die äußeren Ursachen, die auch diese Veränderungen zuwege bringen können, in sich selbst verschieden sind und nicht alle dieselbe Wirkung haben, entsteht hieraus ein Unterschied des Gefühls in ein und demselben Teil (etwa, wenn der Schlag auf dieselbe Hand mit einem Holz oder einem Eisen erfolgt). Wenn wiederum die Veränderung, die in einem Teil erfolgt, Ursache dafür ist, daß dieser Teil in seine frühere Proportion zurückkehrt, entsteht daraus eine Freude, die wir Ausgeglichenheit, Behagen und Fröhlichkeit nennen.

[17] Schließlich können wir aus unserer Erklärung, was die Empfindung ist, leicht sehen, wie hieraus eine reflexive Idee, d.h. die Selbsterkenntnis, die Erfahrung und die Vernunfttätigkeit entstehen. Und aus alldem (wie auch aus dem Tatbestand, daß unsere Seele mit Gott vereinigt ist und ein Teil der unendlichen Idee ist, die Gott unmittelbar entspringt), kann der Ursprung der klaren Erkenntnis und die Unsterblichkeit der Seele klar eingesehen werden. Doch für jetzt wird uns das Gesagte genügen.

ANMERKUNGEN DES HERAUSGEBERS

Seite 3, Zeile 2 Die von Johannes Monnikhoff verfaßte Zusammenfassung (korte schetz) findet sich im Vorwort des von ihm redigierten Manuskripts A – Gebhardt hat sie zusammen mit Spinozas Traktat veröffentlicht. Sie gibt einen nützlichen Überblick der Abhandlung und sei auch hier ihr vorangestellt.

10,27 Der Hinweis auf die lateinische Abfassung und die niederländische Übersetzung findet sich in Monnikhoffs Vorwort zu Manuskript B nicht.

13,6 Der erste Punkt ist die für die Zuhörerschaft offenbar wichtige Frage, ob es einen Gott gibt. Sie beantwortet Spinoza im 1. Kapitel mit zwei Beweisen der Existenz Gottes. Wichtiger hierfür ist aber zweifellos die Frage nach der Natur Gottes, also, was dieser Gott ist, die Spinoza erst im 2. Kapitel beantwortet. Diese Reihenfolge erweckt den Anschein, Spinoza wüßte nicht, daß in einem Gottesbeweis, soll er überhaupt gelingen, dem Daß (quod) der Existenz Gottes die Frage nach dem Was (quid) seiner Essenz voranzugehen hat. In der „Ethik" wird Spinoza die Existenz Gottes immerhin aus der Macht (potentia) Gottes beweisen, die dessen Essenz ist (Eth. I, prop. 11).

13,19 Die „Abhandlung über die Verbesserung des Verstandes" nimmt dieses Faktum auf, indem sie von einer „gegebenen Idee" (idea data), die der Mensch hat, ausgeht und die Methode der „Verbesserung" des Verstandes an die Faktizität des Habens einer gegebenen Idee bindet (Abschn. 30 ff.).

13,32 Zum Glück hat sich Spinoza auf einen solchen Beweis nirgendwo eingelassen, denn er kann nicht gelingen: Sein (oder Existenz) ist kein Attribut Gottes.

14,2 Mit „an sich" habe ich den Ausdruck „formelyk" (formaliter) übersetzt, einen scholastischen Terminus, mit dem ein Ding in seinem An-sich-Sein charakterisiert wird, im Unterschied zu seiner Vergegenständlichung durch eine vorstellende Instanz, die das Ding „objektiv" (voorwepelyk; objective) sein läßt.

16,36 Die hier nur anmerkungsweise getroffene, aber wichtige

Unterscheidung zwischen einem Attribut und einer bloßen Eigentümlichkeit (proprium) Gottes wird in den Kapiteln 3 bis 6 aufgenommen. Sie ist wichtig, auch in der „Ethik", für die richtige Bestimmung der Natur Gottes als hervorbringender Macht: Aus bloßen propria wie Unendlichkeit, Unteilbarkeit, Einzigkeit oder Unveränderlichkeit kann das Sein der Modi, das in der Essenz Gottes gründet, nicht verständlich gemacht werden.

17,11 „nicht" eingefügt von Mignini. Zu Recht, denn die Passage enthält eine implizite Kritik Spinozas am Beweis a posteriori, weil dieser nicht aus der Natur Gottes geführt wird, sondern aus unserem Verstand, von dem erst gezeigt werden müßte, daß er durch die Natur Gottes bestimmt ist und deshalb in der Idee, die er von Gott hat, objektiv enthält, was Gott seiner Natur nach ist.

17,21 Spinozas Grundthese zur Natur Gottes ist, daß zu Gott, dem unendlichen Seienden, alles, was vom Charakter einer Substanz ist, gehören muß und daß Substanzen deshalb nicht als für sich bestehende Entitäten verstanden werden können. Spinoza bestimmt sie als Attribute, die in ihrer essentiellen Verschiedenheit in Gott ihre Einheit haben. Diese Einheit wird dann für die Konstitution der Modi und damit für den Menschen wichtig, namentlich für das ihn ausmachende Seele-Körper-Verhältnis. Ohne diesen Bezug, der hier noch nicht erörtert wird, bleiben die Bestimmungen notgedrungen sehr abstrakt. Auch in der „Ethik" charakterisiert Spinoza einleitend die Natur Gottes über rein formale Überlegungen zum Substanzbegriff (Eth. I, prop. 1–9), die zeigen sollen, daß Gott aus unendlich vielen Attributen besteht, die substanziell sind, ohne, separat von Gott, für sich bestehende Substanzen zu sein.

21,23 Mögliche Einwände gegen die These werden in den folgenden Abschnitten mit dem Argument zurückgewiesen, daß sich alle auf einen unzureichenden Begriff Gottes stützen.

24,1 Die Einwände, die man gegen die von vielen als Provokation aufgefaßte These, Ausdehnung sei ein Attribut Gottes, vorzubringen pflegt, sind zusammen mit Spinozas Gegenargumenten in der „Ethik" aufgenommen (Eth. I, prop. 15, schol.)

26,16 „mit viel größerem Recht", weil die Substanz das Prinzip von allem ist, der davor genannte Verstand aber nur das Prinzip von Begriffen und damit von Modi lediglich eines Attributs.

26,36 Hier sagt das Spinoza einfach. In der „Ethik" wird er es aus empirischen Tatbeständen erweisen, die als Axiome eingeführt werden: Der Mensch denkt (Eth. II, ax. 2); wir empfinden einen Körper (ebd., ax. 4).

27,16 Die Dialoge wirken, rein äußerlich, als Einschübe in einen in anderer Weise komponierten Text. Ob sie schon vor Abfassung der Abhandlung konzipiert oder eine nachträgliche Erweiterung sind, ist nicht mit Sicherheit zu entscheiden. Sie stehen aber zweifellos in sachlicher Übereinstimmung mit den Darlegungen der Abhandlung.

27,17 Ich habe, unter Vermeidung des unschönen „Begehrlichkeit", das niederländische „begeerlykheid", einen Terminus, der sich nur in diesem Dialog findet, mit „Sinnlichkeit" übersetzt. Zweifellos meint er nicht den Affekt der Begierde (niederländisch begeerte), die als cupiditas neben Freude (laetitia) und Trauer (tristitia) einer der elementaren Affekte ist (vgl. Eth. III, prop. 11, schol.), sondern bringt das imaginativ bedingte Schwanken im Verlangen nach etwas zum Ausdruck. Die Übersetzung mit „Sinnlichkeit" erlaubt zudem, die drei Erkenntnisarten in den Blick zu bringen, auf die Spinoza hier offenbar anspielt und in Bezug auf die er den Ort der Liebe zu bestimmen sucht. Begeerlykheid repräsentiert dann als Sinnlichkeit die imaginatio der ersten Erkenntnisart, der Verstand die ratio der zweiten Erkenntnisart und die Vernunft die scientia intuitiva der dritten Erkenntnisart, wenn hier auch nur in rudimentärer Form.

29,1 „eigenschappen" kann hier nicht mit „Attribute" übersetzt werden (so aber Ganault); denn das als Substrat fungierende Einzige ist selber kein Attribut, neben den es weitere „Attribute" gibt.

30,3 Über den Begriff der immanenten Ursache schließt Spinoza schon in dieser frühen Schrift die beiden grundlegenden Bestimmungen Gottes zusammen, einmal ein Inbegriff und damit ein Ganzes zu sein, das alles in sich enthält (logischer Zusammenhang), zum anderen eine Ursache zu sein, die alles hervorbringt (Kausalzusammenhang): Gott ist nicht nur relativ auf seine Wirkungen, sondern besteht („bestaat") auch in ihnen. Er ist also nicht eine Instanz, die auch noch wirkt, sondern er ist nur in seinen Wirkungen. In der „Ethik" markieren die Lehrsätze 15 und 16 des ersten Teils diese Zusammengehörigkeit: Alles ist in Gott

(„est", prop. 15); aus der göttlichen Natur muß unendlich vieles folgen („sequi", prop. 16).

31,19 So wenig, wie das Dreieck durch mein fortschreitendes Erkennen seiner Natur sich in dieser Natur (Essenz) verändert, will Spinoza erläutern, so wenig verändert sich die Essenz Gottes durch mein fortschreitendes Erkennen, in dem ich neue Ideen dieser Essenz bilde und habe. Auch wenn ich als ein Modus Gottes mich darin verändere, bleibe ich in dieser Veränderung ein Produkt Gottes in dessen unveränderlichen Essenz.

33,25 Die hier getroffene Unterscheidung zwischen einem tatsächlich Hervorbringen und einem solchen, das auf bloßes Können und damit auf Möglichkeit abhebt, hat eine grundlegende Bedeutung, die durch das Beispiel vom Licht im Raum nicht recht illustriert wird. Am Ende des der Erkenntnistheorie gewidmeten zweiten Teils der „Ethik" schreibt Spinoza, daß jede Idee von Wirklichem die Essenz des göttlichen Attributs Denken in sich schließt (prop. 45) und daß deshalb der Mensch, der Ideen hat, auch eine adäquate Erkenntnis Gottes hat (prop. 47). Aber er hat sie aufgrund dieser ontologischen Voraussetzung nur der Möglichkeit nach (verbürgt durch die Immanenz Gottes), aber noch nicht faktisch (angesichts der innerweltlichen Bedingungen im Feld endlicher Modi). Um zu zeigen, wie das faktisch geschehen kann, durchläuft die „Ethik" einen langen weiteren Weg; sicher ist freilich, daß es, wie hier Theophilus betont, allein über die Unmittelbarkeit Gottes geschehen kann und nicht über ein „anderes besonderes Ding".

34,5 Spinoza erläutert in diesem Kapitel, wie traditionelle Einteilungen des Kausalitätsbegriffs auf den Typ von Ursache zu beziehen sind, den er Gott zuspricht. Ursache zu sein nennt er zwar eine (bloße) Eigentümlichkeit Gottes, bestimmt sie aber ganz aus der Substanzialität Gottes. Vgl. dazu Eth. I, prop. 16, coroll. 1–3 und prop. 17, coroll. 1 u. 2.

35,26 Die Überlegungen dieses Kapitels sind in der Vielschichtigkeit ihrer Aspekte eingegangen in die „Ethik" (Eth. I, prop. 33, schol. 2).

37,15 Eine solche äußere Ursache wäre der Mensch, um dessentwillen Gott handelte. Abschn. 6 kritisiert generell, daß das Gute der Zweck göttlichen Handelns sein könnte.

39,5 Die Überlegungen dieses Kapitels haben keinen Eingang in die „Ethik" gefunden. „Streben" (popinge, conatus) tritt nicht als ein Merkmal Gottes auf. Es charakterisiert allein endliche Dinge in deren Verfaßtheit der Endlichkeit.

39,29 Die Abschn. 2–4 dieses Kapitels sind in der „Ethik" in I, prop. 29 thematisch, gehen dort also den Überlegungen des 4. Kapitels der Abhandlung sachlich voran. Die Abschn. 6–9 enthalten grundsätzliche Erwägungen zur Rechtfertigung der besonderen Dinge in deren individuellen Essenz, die eine Vergleichbarkeit mit anderen Dingen und vor allem mit einem abstrakt Allgemeinen ausschließen, eine Position, die grundlegend auch für Spinozas reife Philosophie ist.

43,3 Endliche Dinge, die eine eigene Vollkommenheit haben, sind zwar mehr oder minder vollkommen, aber deshalb nicht als besser oder schlechter bewertbar, weil das Kriterium einer solchen Bewertung zwangsläufig außerhalb von ihnen liegt.

43,5 Spinozas Anliegen in diesem Kapitel ist, zu zeigen, daß eine unzureichende Definition Gottes zur Zuschreibung falscher Attribute führt. Eher beiläufig führt er in Abschn. 2 aus, daß auch Allwissenheit kein Merkmal Gottes ist. Die „Ethik" hält daran entschieden fest: Gott hat keinen Verstand; auch der unendliche Verstand ist ein Modus und nicht ein Attribut Gottes.

46,9 Antworten auf die fünften Einwände von Gassendi. Der Seitenverweis bezieht sich auf die Ausgabe Amsterdam 1650.

46,17 Kapitel 8, wie auch analog dazu Kapitel 9, hat in der Überschrift eine niederländische Formulierung (Van de Naturende Natuur), im Text die lateinische (Natura Naturans).

46,33 Das hier nahezu definitorisch Gesetzte, daß allgemeine Modi die besonderen „verursachen", gibt Spinoza in der „Ethik" auf. Von den unendlichen Modi (Eth. I, prop. 21–23) gibt es keinen Übergang zu den endlichen Modi (Eth. I, prop. 24–29); um sie zu thematisieren, ist ein Neuansatz erforderlich.

47,6 Bewegung (und Ruhe) und (unendlicher) Verstand sind auch in der „Ethik" die unendlichen Modi der uns bekannten Attribute Ausdehnung und Denken, dort natürlich nicht „Sohn" Gottes genannt. Innerhalb der Theorie Gottes (1. Teil), werden sie aber, anders als hier, nicht inhaltlich bestimmt; ihr Inhalt ergibt sich erst aus dem Bezug auf den endlichen Modus Mensch, der aus Seele (Geist) und Körper besteht und in dieser Verfassung durch Attribute Gottes zu erklären ist.

47,17 Das bleibt so in der „Ethik". Die detaillierter beschriebene Körperlehre hat ihren Platz nur als Einschub innerhalb der Theorie des menschlichen Geistes (Eth. II, nach prop. 13).

47,32 Es könnte sich hierbei um eine Hinzufügung von fremder Hand handeln, worauf die Formulierungen „Bemerkung" (Nota) und „der Verfasser" (den Autheur) hindeuten. Für Mignini ist die Fußnote ein zweifelsfreier Beleg dafür, daß das Manuskript zu Lebzeiten Spinozas verfaßt wurde (vgl. S. 97). Die hier angesprochene Unsicherheit könnte aber ohne weiteres eine Aussage Spinozas sein. Auf eine diesbezügliche Frage von Tschirnhaus antwortet Spinoza am Ende seines Lebens, daß er darüber noch nichts in der gehörigen Ordnung habe abfassen können (Brief 83 vom 15. Juli 1676).

48,4 Die hier formulierten Erläuterungen leiten zur Theorie des Menschen über. Die in Kapitel 5 bereits genannte Grundthese zur Natur eines endlichen Dinges wird wiederholt und von ihr her „gut" und „schlecht" als nur relative Bestimmungen hingestellt.

51,5 Von hier an wird das Manuskript von zahlreichen Randnotizen begleitet, die jeweils gedrängt formulierte Inhaltsangaben enthalten. Sie sind in diese Ausgabe nicht aufgenommen. Ferner findet sich im Text fortlaufend eine Abfolge von 97 arabischen Zahlen. Gebhardt, Opera hat sie für mysteriös und undeutbar erklärt. Mignini (vgl. S. 821 ff.) glaubt, daß sie von Spinoza selber stammen und die Funktion haben, Stellen zu markieren, die in ein noch zu verfassendes Werk (also offensichtlich die „Ethik") zu integrieren sind. Auch die Zahlen sind in diese Ausgabe nicht aufgenommen.

51,14 Der niederländische Terminus „geest" (Geist) wird in diesem Traktat, sieht man von „Lebensgeistern" ab, kaum gebraucht. Zu beachten ist, daß im Niederländischen das lateinische „mens" in der Regel mit „ziele" wiedergegeben wird, so auch in der Übersetzung der „Ethik", in der sich durchgängig der Terminus „mens" findet. Ich behalte, um nicht zu sehr zu interpretieren, in meiner Übersetzung den Ausdruck „Seele" bei, auch wenn der Terminus offensichtlich die „mens humana" der späteren „Ethik“ und die mit ihr verbundene Tätigkeit im Blick hat, was meines Erachtens durch das deutsche „menschlicher Geist“ besser wiedergegeben wird, so daß „Seele“ allein für „anima“ stehen sollte.

51,15 Die Fußnote erklärt in sehr präzisen Sätzen die Besonderheit der Seele aus der Besonderheit des Körpers, dessen Idee sie ist. Während sich das Spezifische des Körpers aus der je unterschiedlichen Proportion von Bewegung und Ruhe erklären läßt, sieht Spinoza offenbar keine Möglichkeit, es für die Seele aus dem für sie konstitutiven Merkmal, dem Denken, verständlich zu machen. Auch in der „Ethik“ wird der menschliche Körper in dem Moment thematisch, als es zu erklären gilt, warum die Idee, die der menschliche Geist ist, nicht einfach ist, sondern sich aus vielen Ideen zusammensetzt (Eth. II, nach prop. 13). Man beachte aber, daß Spinoza den Menschen, der aus Seele und Körper besteht, dieser (offenbar später hinzugefügten) Fußnote zum Trotz, im folgenden 1. Kapitel (Abschn. 1) nur in den Formen seines Erkennens betrachtet, die Merkmal allein der Seele sind.

54,76 Orientiert an Migninis Übersetzung habe ich „waan“ mit „Meinung“ und „geloof“ mit „Überzeugung“ übersetzt. Domínguez ist in seiner spanischen Übersetzung hingegen gegenüber „Überzeugung“ (convinzione) skeptisch und hält an „Glaube“ (fe) fest (vgl. S. 25). Im 4. Kapitel des zweiten Teils bestimmt Spinoza den zuvor eingeführten Terminus „geloof“ des näheren als „waare geloof“. In diesem Verweis auf „wahr“ ist er nicht nur deutlich von der bloßen Meinung abgehoben, sondern auch von dem einfachen Glauben. „Waan“ und „geloof“ charakterisieren die beiden Erkenntnisgattungen, die in der „Ethik“ unter den Titeln „imaginatio“ und „ratio“ gefaßt werden. Um der Deutlichkeit willen sind deshalb im folgenden die Termini „Meinung“ und „Überzeugung“ zur Charakterisierung dieser beiden Erkenntnisarten durchgängig beibehalten. „Klare Erkenntnis“ (klaare kennis) ist die dritte Erkenntnisart, die in der „Ethik“ terminologisch als „scientia intuitiva“ auftritt.

54,21 Das Beispiel aus der Regel de tri findet sich sowohl in der „Abhandlung über die Verbesserung des Verstandes“ (Abschn. 23) wie in der „Ethik“ (II, prop. 40, schol. 2).

56,7 Fühlen (gevoelen) als Merkmal der dritten Erkenntnisart

scheint ihr den Charakter der Rationalität zu nehmen. In der „Ethik“ (V, prop. 21 ff.) wird dieser Anschein verschwinden.
56,16 Die Leidenschaften haben ihre Ursache, und zwar ihre „nächste“, d. h. die, ohne die sie gar nicht sein könnten, im menschlichen Erkennen. An dieser Grundeinsicht hält die „Ethik“ fest: Emotionen sind grundsätzlich kognitiv. Die folgenden Kapitel III und IV charakterisieren die Leidenschaften deshalb von den unterschiedlichen Weisen des Erkennens her, zusammengefaßt in IV, Abschn. 9.
56,22 Für die Erläuterung des Ursprungs der Leidenschaften begnügt sich Spinoza mit einer Erläuterung anhand bloßer Beispiele, orientiert an Descartes' „Die Leidenschaften der Seele“. Descartes nennt als erste Leidenschaft die Verwunderung, die der „Ethik“ zufolge gar kein Affekt ist, sondern, wie im übrigen auch hier, eine bloße Irritation der Erfahrung aufgrund eingeschränkter Weltkenntnis.
58,11 In der Randbemerkung steht: „Von der Liebe aus wahren Begriffen oder klarer Erkenntnis wird hier nicht gehandelt, da sie sich nicht aus der Meinung herleitet, doch siehe darüber Kap. 22“.
58,15 Sigwarts Numerierung der Abschnitte ist hier gegen das Manuskript erfolgt. Ich folge Gebhardt und Mignini und lasse [5] hinter [7].
59,2 Hier ist Spinoza noch weit von der „Ethik“ entfernt. Begierde (cupiditas), heißt es dort, ist nicht das Verlangen nach etwas, das wir für gut halten, sondern umgekehrt halten wir etwas für gut, weil wir es begehren („nos aliquid bonum esse judicare, quia id conamur“, Eth. III, prop. 9, schol.).
61,13 Diese Überlegung nimmt Spinoza in seiner Vorrede zum 4. Teil der „Ethik“ auf: Gut und schlecht werden im Hinblick auf die Idee eines (vollkommenen) Menschen bestimmt, also im Hinblick auf die Gattung Mensch, die als ein Musterbild (exemplar humanae naturae) auftritt, dem sich der Mensch mehr oder minder nähern kann. Wie eine solche teleologische Betrachtung mit Spinozas Naturalismus verträglich ist, ist eine vertrackte Frage.
62,16 Die wahre Erkenntnis fällt also nicht mit der Gotteserkenntnis zusammen. Doch erlangt der Mensch erst in der Gotteserkenntnis seine höchste Vollkommenheit, die insofern besser ist als eine solche, die in der Erkenntnis des wahren Allgemeinen

nur den Weg zur Erkenntnis Gottes weist. Vgl. aber meine Anm. zu 112,26.

63,1 Liebe erscheint in diesem Kapitel als eine elementare Leidenschaft, ohne die der Mensch nicht existieren könnte, gefolgert aus der Endlichkeit des Menschen und der damit verbundenen Angewiesenheit auf anderes. In der „Ethik“ wird Spinoza diese elementare Rolle der Begierde zusprechen, gefolgert aus der natürlichen Tendenz des Menschen, auf die Steigerung der eigenen Wirkungsmacht (potentia agendi) aus zu sein.

62,22 Von hier an bis einschließlich Kapitel XIV werden die Leidenschaften nach gut und schlecht beurteilt, d.h. wieweit sie nützlich oder schädlich für den Menschen sind. Hierfür zählt sie Spinoza einfach auf, ohne sie aus einem gemeinsamen Prinzip herzuleiten. In der „Ethik“ wird er sie aus dem conatus und den mit ihm ursprünglich verbundenen Affekten der Begierde, Freude und Trauer (Eth. III, prop.11, schol.) herleiten und in der Folge davon untereinander verknüpfen (prop. 13–56). Erst nach dieser Genese erfolgt ihre Beurteilung im 4. Teil der „Ethik“.

65,9 Dahinter steht die grundsätzliche These: Fern sind uns Menschen die Dinge, die unserer Wesensart fern sind, letztlich diejenigen, die nicht denken. Nah sind dem Menschen dagegen die denkenden Wesen, d.h. die anderen Menschen, deren Haltung und Einstellung er modifizieren kann, worin er sie sich nützlich machen kann und darüber hinaus auch muß, um ein gedeihliches und friedvolles Leben führen zu können. Vgl. Eth. IV, prop. 35, coroll. 1.

67,33 Spinoza hebt richtig hervor, daß wir mit Haß gegen einen nicht nur diesen schädigen, sondern auch uns selbst, nämlich „uns“ der Vollkommenheit berauben, die in jedem Ding ist. Haß ist deshalb mit einer Liebe zu tilgen, die, richtig verstanden, den anderen respektiert und mit Respekt zu fördern sucht.

68,18 Freude und Trauer erscheinen hier als Leidenschaften unter anderen. Der „Ethik“ zufolge sind sie die beiden elementaren Affekte des Menschen, in denen er eine Steigerung bzw. Minderung der eigenen Wirkungsmacht erfährt (Eth. III, prop. 11). Aus ihnen sind über ihren Bezug auf die Gegenstände, die dies verursachen, die Affekte von Liebe und Haß verständlich zu machen (prop. 13, schol.). Wird dieser Zusammenhang ausgeblendet, dann ist der für diesen Traktat grundlegende Affekt der Liebe nicht hinreichend im Gefüge der Affekte verankert.

69,17 In den Kap. 8–14 betrachtet Spinoza eine Reihe von Affekten, die auch im dritten Teil der „Ethik" thematisch sind, unter dem Aspekt, inwiefern sie gut oder schlecht sind, wobei die Beurteilung weitgehend derjenigen in der „Ethik" entspricht. Aber Spinoza betrachtet die Affekte in einer Perspektive, die ausblendet, daß der Mensch grundsätzlich Affekten unterworfen ist. Wie er angesichts dieses Tatbestandes zu jener Vollkommenheit gelangen kann, die alle schlechten Affekte niederzuhalten vermag, wird deshalb hier nicht weiter untersucht.

77,9 Der zweite Teil der Überschrift ist eine Hinzufügung von Gebhardt, Opera. Mignini übernimmt sie.

77,32 Verstand (intellectus) ist ein neutraler Terminus, der für das menschliche Erkenntnisvermögen überhaupt steht, während die Vernunft (ratio) eines dieser Vermögen ist.

78,11 Die mit der „Ethik" durchaus übereinkommende Beurteilung der Leidenschaften berücksichtigt nicht hinreichend das Ineinandergreifen der Affekte, das Umschlagen von Freude in Trauer und entsprechend von Liebe in Haß. Es nennt Spinoza in der „Ethik" Schwankung des Gemüts (fluctuatio animi; Eth. III, prop. 31), was ein Zustand ist, der entgegengesetzten Affekten entspringt (prop. 17, schol.) und den Menschen natürlicherweise bestimmt. Dann ist es nicht damit getan, schlechte Leidenschaften schlecht zu machen („Pfuhl von Leidenschaften", Abschn. 4).

79,5 Die Überlegungen dieses Kapitels gehen in den Lehrsatz 43 des 2. Teils der „Ethik" ein, insbesondere in die dortige Anmerkung mit dem Satz „veritas norma sui et falsi est". Allerdings wird der Sachverhalt dort in einem anderen Kontext entwickelt. Orientiert an der wahren Idee (idea vera) und unter Berücksichtigung der Definition von Idee (Eth. II, def. 3), daß sie ein Begriff (conceptus) ist, den der Geist bildet (format), wird die Aktivität des Geistes (actio mentis) betont, die ausschließt, daß er von dem Gegenstand, dessen Idee er ist, etwas erleidet (ab objecto pati). Daß das subjektive Haben der Wahrheit von einer Wirksamkeit des Objekts abhängt, unser Begreifen also ein reines Leiden sei, diese These des Traktats verschwindet deshalb in dem reifen Werk. Worauf es ankommt, so fährt Spinoza in ihm fort, ist vielmehr, die Dinge *als* etwas zu betrachten, nämlich als notwendig („ut nesessarias“, II, prop. 44), generell formuliert, „sub specie aeternitatis“ II, prop. 44, schol. 2); und diese Betrachtungsweise ist nicht Wirkung, sondern Aktivität. Eine Idee des Verstandes ist kein Gemälde, das Eindrücke in sich aufgenommen hat (II, prop. 43, schol.).

81,5 Die Ausführungen dieses Kapitels sind in der „Ethik“ aufgenommen in II, prop 48–49. Eine Freiheit des Willens wird dort wie hier aus der Struktur des Geistes (bzw. der Seele) zurückgewiesen, zu allen besonderen Akten (des Wollens) durch eine äußere Ursache bestimmt zu sein, angesichts dessen „der“ Wille ein abstrakter Allgemeinbegriff ist, aus dem nichts erfolgt.

81,11 Das hier angesprochene Glück (welstand) ist im 19. und den folgenden Kapiteln unter der Bestimmung der Glückseligkeit (gelukzaligheid) thematisch. Die Theorie der Glückseligkeit erfordert aber offensichtlich zunächst die kritische Erörterung des Begriffs des Willens (Kap. 16–18).

85,19 Dieses Verständnis von falscher Erkenntnis könnte suggerieren, daß wahre Erkenntnis Totalitätserkenntnis ist. Das ist jedoch nicht, weder hier noch in der „Ethik“, Spinozas These; denn unter dieser Annahme könnte der Mensch nie eine wahre Erkenntnis haben.

86,11 Spinoza hebt in diesem Kapitel gar nicht auf den Unterschied zwischen Wille und Begierde ab, sondern betont deren Gemeinsamkeit, nicht frei zu sein. In der „Ethik“ (II, prop. 48, schol.) unterscheidet er, aber eher beiläufig, zwischen Wille (voluntas) und Begierde (cupiditas) dahingehend, daß der Wille das Vermögen ist, Dinge zu bejahen oder zu verneinen, und die Begierde das Vermögen, Dinge zu erstreben (appetere) oder zu vermeiden (aversari). Wille ist darin identisch mit dem Verstand, während Begierde zu einem elementaren Affekt wird, der durch die Weise des Erkennens geformt, nicht aber durch einen noch vorangehenden Willen gesteuert wird.

87,34 Das hier vorgebrachte Beispiel hat wenig Erklärungskraft, da das erfahrungsarme Kleinkind offensichtlich bloß reflexhaft reagiert.

88,18 Die erfreulichen, weil humanen Aspekte in den Abschn. 3–7 dieses Kapitels sind in den Abschn. 2 und 8 eingerahmt von wenig Erfreulichem, dem Hinweis auf den Status des Menschen, gegenüber Gott dessen Sklave zu sein. So etwas hat der Autor des „Theologisch-politischen Traktats" in der „Ethik" natürlich nicht mehr geschrieben. Sklave oder Knecht (servus) ist der „Ethik" zufolge der Mensch, der seinen Affekten erliegt, und wem Spinoza, im Gegensatz dazu, das Wort redet, ist der freie Mensch (homo liber), der in richtiger Selbsteinschätzung nur sich selbst folgt („nemini nisi sibi morem gerit", Eth. IV, prop. 66, schol.). Weder ist Gott ein Handwerker, der ein Beil gebraucht, noch der Mensch ein Werkzeug Gottes.

91,1 Demzufolge untersucht Spinoza in diesem Kapitel nicht, worin unsere Glückseligkeit besteht, sondern die Bedingungen im Menschen, sie erlangen zu können.

92,27 Die folgenden Überlegungen zur Wirksamkeit der Lebensgeister, die einen cartesischen Hintergrund haben, sind als für die Sache unerheblich in der „Ethik" fallengelassen.

93,3 Mignini hat sinngemäß Abschn. 12 an Abschn. 9 angeschlossen.

94,35 Hier formuliert Spinoza eine grundsätzliche These. Weil die Attribute in sich geschlossen sind, können deren Modi nicht aufeinander wirken. (Eth. III, prop 2: Der Körper kann den Geist nicht zum Denken bestimmen und der Geist nicht den Körper zu Bewegung und Ruhe.) Der Körper wirkt demnach nicht auf die Seele als Körper (kraft seiner Bewegungsgesetzlichkeit), sondern als *Objekt* der Seele und damit vermittelt über das vergegenständlichende *Vorstellen* der Seele, die darin Ursache der Leidenschaften ist und zugleich die Möglichkeit hat, über die Korrektur des Vorstellens den Leidenschaften nicht zu erliegen. Spinoza zieht sogar die Konsequenz, daß auch etwas anderes als der Körper die Macht der Seele in der ihr eigenen Selbständigkeit als Modus des Attributs Denken nicht einschränken könnte, sofern die Seele dieses Andere nur objektiviert. Diese These ist ihm aber wohl zu verwegen gewesen, als daß er sie in die „Ethik" aufgenommen hätte. Gebhardt hält die Passage für einen Zusatz von fremder Hand. Mir scheint sie dem latenten Anspruch nach durchaus genuin spinozanisch zu sein.

95,10 Dieser Abschnitt ist konfus und offensichtlich ein Zusatz von fremder Hand.

95,3 Hier hebt Spinoza, anders als sonst, deutlich auf die Aktivität der Seele ab, wenn auch nur als Gegensatz zu einer reaktiven Reizempfindung.
96,33 Der Schluß der Fußnote ist offenbar korrupt überliefert. Ich hoffe, ihn in meiner Übersetzung richtig gedeutet zu haben. Gebhardt hat die Fußnote für eine Hinzufügung von fremder Hand gehalten. Ich folge Mignini, der sie für authentisch hält.
97,20 Das Manuskript ist hier korrupt. Möglicherweise ist statt „zeitlich" (en tydelik) „veränderlich" (veranderlyk) zu lesen.
98,15 Spinoza bedient sich manchmal für Attribut Denken (Cogitatio) des cartesischen Terminus „res cogitans" (in der „Ethik" besonders in II, prop. 1). Ich habe hier und auch anderswo das unschöne „denkendes Ding" (denkende zaak) mit „Attribut Denken" übersetzt und entsprechend „res extensa" mit „Attribut Ausdehnung".
99,14 Manuskript A hat „in der Seele" (in de ziel), was zu „in das denkende Ding" im Sinne von Attribut Denken zu ändern ist. Mignini übersetzt sinngemäß mit „nella cosa pensante".
100,22 nämlich diejenige Bewegung, die unter das Attribut Ausdehnung fällt, das unendlich ist und insofern seine Modi einheitlich umfaßt.
101,4 Erfahrung geht auf je bestimmtes Einzelnes und motiviert deshalb die Seele stärker als ein Vernunftschluß, der ein abstrakt Allgemeines im Blick hat. Der Bezug auf Einzelnes geht in die Theorie der höchsten Erkenntnisart (in der „Ethik" in die scientia intuitiva) ein, hier formuliert an der Regel de tri: Die Erkenntnis dieser Proportion steht über jener der Regel der Proportion.
102,20 Es ist nicht recht klar, wie das niederländische „eenigzins", von mir mit „in bestimmter Weise" übersetzt, zu verstehen ist. Sicher ist damit nicht irgendeine Weise gemeint, sondern eine Weise, in der die Seele unmittelbar betroffen ist und die jenseits bloß abstrakter Gotteserkenntnis ein „Genießen" Gottes erlaubt, das nicht dadurch getrübt ist, daß dem Erkennenden vieles von dem, was Gott auszeichnet, verschlossen bleibt. Auch vom Körper, wird Spinoza in der „Ethik" schreiben, wissen wir gar nicht, was er alles kann („quid corpus possit", Eth. III, prop. 2, schol.), und doch, schreibt Spinoza hier, lieben wir ihn als den, mit dem wir vereinigt sind.

105,2 Die „Ethik“ gibt den Begriff der Unsterblichkeit der Seele auf und spricht statt dessen von der Ewigkeit des menschlichen Geistes (Eth. V, prop. 23 und 31). Sie ist an die Erkenntnis ewiger Strukturen gebunden, die, wie alle menschliche Erkenntnis, ihrerseits an die Existenz des Körpers gebunden bleibt, also nur in diesem Leben möglich ist. Der Begriff der Unsterblichkeit wird damit systematisch sinnlos.

106,13 Vgl. hierzu die anders akzentuierte Passage in der „Ethik“ (Eth. V, prop. 36).

106,33 Vgl. hierzu „Theologisch-politischer Traktat“, Kap. 4 („Vom göttlichen Gesetz“).

109,4 Im „Theologisch-politischen Traktat“ sieht Spinoza das differenzierter. Um Menschen, und gerade die intellektuell wenig versierten, gehorsam zu machen, hat sich Gott gegenüber den Hebräern durchaus mit äußeren Zeichen kundgetan (1. Kap.: „Von der Prophetie“), der Auffassungskraft der Adressaten gleichsam entgegenkommend. „Nichts hindert Gott, das, was wir kraft des natürlichen Lichts erkennen können, den Menschen mit anderen Mitteln mitzuteilen“ (1. Kap., Abschn. 5). Ein omnipotenter Gott kann sich offenbar auch verstellen – dem philosophischen Interpreten ist es vorbehalten, das zurechtzurücken.

109,22 Das ist Spinozas Kritik am kosmologischen Gottesbeweis. Aus der von uns erfahrenen Verfaßtheit der Welt kann nicht auf Gott als deren wahre Ursache geschlossen werden, allenfalls auf einen von unserer begrenzten Welterfahrung her gedachten Gott, der dann teleologisch gedacht wäre.

110,14 Goethe, der Spinoza-Freund, hat (in seinem „Faust“) immerhin einen real existierenden Teufel auftreten lassen, der zudem sehr menschliche Züge trägt und als Meister der Verführungskunst den Doktor Faust bei all dessen Gelehrsamkeit und auch Gottesliebe arg durcheinanderbringt.

111,28 Das ist ein wichtiges Element der Ethik Spinozas, das nicht überlesen werden sollte. Auch am Ende der „Ethik“, nahezu als deren Abschluß, heißt es, daß das vernünftige Leben unabhängig davon im höchsten Maße lebenswert ist, ob die geistige Liebe Gottes tatsächlich das einlöst, was die philosophische Analyse uns verheißt: „Weil jemand sieht, daß der Geist nicht ewig oder unsterblich ist, es vorzieht, geistlos zu sein und vernunftlos zu leben (amens mavult esse et sine ratione vivere)" (Eth. V, prop. 41, schol.) – das, konstatiert Spinoza lapidar, ist schlicht widersinnig (absurdum).

112,6 Das ist die einzige Stelle in unserem Traktat, in der selbst das Allerhöchste, auf das der Mensch aus ist, auf eine Disposition zurückgeführt wird, die allen Dingen ganz natürlich („in alle dingen zeer natuurlyk") ist. Gemeint, wenn auch hier nicht ausdrücklich genannt, ist damit der conatus eines jeden Dinges als Streben, sich selbst zu erhalten.

112,26 Hier kommt zum Schluß, ganz in Einklang mit der „Ethik", ein Loblied auf die Vernunft und deren Schlußverfahren. Unbeschadet ihres Mangels, nicht zuletzt aufgrund ihrer abstrakten Erkenntnis den Einzelnen nicht zu einer Liebe motivieren zu können, in der er selbst sich betroffen weiß, läßt sie uns doch erkennen, was Gott wahrhaft ist. Darin führt sie zu einer Liebe, die sich Gott nicht aufgrund falscher Projektionen zu ihrem Objekt macht. Der erste Teil, der die Natur Gottes thematisiert, stützt sich ganz auf eine Analyse der Vernunft, deren Ergebnis sich bis an das Ende des Traktats unverändert durchhält.

114,19 Das Heil ist allen Menschen gleichermaßen zugänglich; in ihm nimmt der eine dem anderen nichts weg. Auch den anderen zu diesem Heil zu bringen, heißt, ihn in seiner Freiheit zu respektieren, und schließt jede Art von Bevormundung aus. Daß der Vernunftgebrauch gemeinschaftsfördernd ist, ist ein Grundgedanke der „Ethik" (IV, prop. 18, schol. und prop. 37, schol. 1), dort im 4. Teil entwickelt, bevor die geistige Liebe zu Gott im 5. Teil thematisch wird.

115,5 Hierzu findet sich folgende Randbemerkung: „Ersuchen des Verfassers an diejenigen, denen er diesen Traktat auf ihr Ersuchen diktiert hat, und zugleich Schluß des Ganzen".

119,1 Der (von Spinoza sicher später hinzugefügte) Anhang entwickelt Basisbestimmungen der Substanz und der menschlichen Seele, die weitgehend in der „Ethik" in den Anfangsbestimmungen von „De Deo" und „De mente humana" aufgenommen werden, freilich nicht (wie hier bei der Substanzerörterung) als Axiome, sondern als (beweisbare) Lehrsätze. Vgl. Eth. I, prop. 1–8 und Eth. II, prop. 3–13.

BEGRIFFSREGISTER

DEUTSCH – NIEDERLÄNDISCH

Abneigung	afkeerigheid
Affekt	tocht, hartstocht
Affektion	aandoening
allgemein	algemeen
Allmacht	almogentheid, almagtigheid
an sich (formaliter)	formelyk
Ängstlichkeit	verwaartheid
Attribut	eigenschap
Ausdehnung	uytgebreidheid
Begierde	begeerte
begrenzt	bepaald
Begriff	begrip, concept, bevatting
besondere (Dinge)	bezondere
Bejahung	bevestiginge
Bestürzung	wankelmoedigheid
Bewegung	beweging
Bewußtsein	medegeweten, conscientie, bewustzyn
Dankbarkeit	dankbaarheid
Dauer	duuring, duurentheid
Definition	beschryvinge
Demut	nedrigheid
Denken	denking
Ding	ding, zaak(e)
Edelmut	edelmoedigheid
Eifersucht	belgzugt
Eigenschaft	eigenheid, eigenschap
eigentümlich	eigen
Einheit	eenheid
Endlichkeit; endlch	eyndelyk; eyndig
Erfahrung	bevindinge, ervarentheid, ervaring, ondervinding
Erkenntnis	kennis

Essenz	wezenheid, wezen
Ewigkeit	eeuwigheid
Existenz	wesentlykheid
Falschheit	valsheid oder valscheid
Feigheit	flaauwmoedigheid
Fiktion	verzieringe, verzierzel
Freiheit	vryheid
Freude	blydschap
Furcht	vreeze
Ganzes	geheel, al
Gattung	geslagt
Gedankending	wezen (oder zaak) van reeden
Gefühl	gevoel
gegenständlich (objective)	voorwerpelyk
Geist	geest
Gemeinschaft	gemeenschap
Geringschätzung	versmading
Gesetz	wet
Gewissensbiß	knaging
Glück	welstand
Glückseligkeit	gelukzaligheid
Gott	God
Gram	beklagh
Gunst	gunste
gut	goet(d)
Handlung	werk
Haß	haat
Heil	heil oder heyl
hervorbringen	outbreeken, voortbrengen
Hochmut	verwaantheid
Hochschätzung	achting
Hoffnung	hoope
immanent/innerlich	inblyvend
Irrtum	dooling
Kleinmut	strafbaare nedrigheit
Körper	lichaam oder lighaam
Kraft	kragt
Kühnheit	stoutheid

Lebensgeister	geesten
Leiden (Passivität)	lyding
Leidenschaft	passie, lyding
Liebe	liefde oder lievde
Macht	macht, mogentheid, mogelykheid
Meinung	geloov, opinie, waan
Mensch	mensch
Mitmensch (Nächster)	naaste, evennaast, evenmensch
Modus/Modifikation	wyze/wyzing
Nacheiferung	volghyver
Natur (als Gott)	Natuur
Natura naturans	Naturende Natuur
Natura naturata	Genatuurde Natuur
Neid	nyd
Neigung	neiginge
Notwendigkeit	noodzaakelykheid
Nutzen (Vorteil)	nuttigheid, profyt, voordeel
Objekt	voorwerp
Prinzip	beginzel
Proportion	proportie, gelykmatigheid
Reue	berouw
Ruhe	ruste, stilte
Ruhm	eere
Scham	beschaamtheid
Scherz	boerterye
schlecht	kwaad
Seele	ziel(e)
Sein/Wesen	wezen
Selbstvertrauen	moed
Sinnlichkeit	begeerlykheid
Spott	bespotting
Streben	poginge
Subjekt	subjectum, onderwerp
Substanz	zelfstandigheid
Substrat	onderhouwder
Sünde	zonde
Tätigkeit (Aktivität)	doening
Teil	deel

Teufel	duyvel
Tod	dood
Trauer	droevheid
Tugend	deugt
Überzeugung	geloof(v), waare geloov
Undankbarkeit	ondankbaarheid
Unendlichkeit; unendlich	oneyndelyk;; oneyndig
unmittelbar	onmiddelyk
unmöglich	onmogelyk
Unsterblichkeit	onsterfelykheid
unveränderlich	onveranderlyk
Unverschämtheit	onbeschaamtheid
Unvollkommenheit	onvolmaaktheid
Ursache	oorzaak
Vereinigung	vereeniginge, vereeninge
Verneinung	ontkenning
Vernunft	reeden, reede
Vernunftschluß	redenering
Verstand	verstand
Verwunderung	verwondering
Verzweiflung	wanhoop
Vollkommenheit; vollkommen	volmaaktheid; volmaakt
Vorherbestimmung	praedestinatie
Vorsehung	voorzienigheid
Vorstellung/Idee	idea/denkbeeld
Wahrheit	waarheid
Wahrnehmung	gewaarwordinge, bevatt
widersprüchlich	strydig oder streidig
Wiedergeburt	wedergeboorte
Wille	wille, wil
Wirken	doening, werk, werking
Wirkung	gevrocht, uytwerking, uytwerkzel
Wissen	weten, wetenschap
Ziel	einde
Zufall; zufällig	toeval; gebeurlyk
Zuversicht	verzekerdheid
Zweck	eynd, oogmerk

BLAUE REIHE

SPINOZAS PHILOSOPHIE

Über den Zusammenhang von Metaphysik und Ethik

von WOLFGANG BARTUSCHAT

Blaue Reihe
2017 · 435 Seiten
ISBN 978-3-7873-3143-7
Kartoniert
(auch als eBook erhältlich)

Der Band bietet einen guten Überblick über Spinozas Philosophie und die von ihr ausgehenden Fragestellungen bis hin zu der enormen Wirkung, die sein Denken in der Folgezeit entfaltet hat. In teils systematischer, teils historischer Perspektive umfassen die Kapitel im Wesentlichen drei zentrale Bereiche, die sich an Spinozas Denken knüpfen lassen: erstens das Thema Ontologie und Subjektivität, zweitens die Felder Ethik und Politik und drittens die Beziehung Spinozas zur klassischen Philosophie von Leibniz bis Hegel, die für eine kritische Würdigung der eigenständigen Position Spinozas besonders wichtig ist.

Der renommierte Spinoza-Forscher Wolfgang Bartuschat, dessen Gesamtübersetzung (Philosophische Bibliothek, Bde. 91–96a) heute die maßgebliche deutsche Ausgabe der Werke Spinozas darstellt, versammelt hier seine wichtigsten Beiträge zu dessen Philosophie.